# HET DIERENORAKEL DER DRUÏDEN

WERKEN MET DE HEILIGE DIEREN
UIT DE TRADITIE DER DRUÏDEN

PHILIP en STEPHANIE CARR-GOMM

GEÏLLUSTREERD DOOR BILL WORTHINGTON

Altamira-Becht · Haarlem

## DANKWOORD

De schrijvers willen graag de volgende personen bedanken voor hun ondersteuning, inspiratie en begeleiding: Steve Blamíres van de Celtic Research Folklore Society en Anne MacDonald Coleman voor hun advies inzake de Gaelic namen en uitspraak van de dieren; Elkheart voor zijn inzicht en suggesties na lezing van de eerste versie van de tekst; John en Caitlin Matthews voor hun reservoir aan kennis dat ze zo bereidwillig openden; Chris Worthington en Daan van Kampenhout voor hun iedeeën en enthousiasme; Bill Worthington voor zijn waarlijk geïnspireerde en inspirerende tekeningen
De schrijvers danken ook Eligío Stephan Gallegos, wiens werk met beelden en symbolen van dieren de psychotherapie heeft verrijkt; de Folklore Society voor haar aandeel in het behoud van zoveel van onze oorspronkelijke cultuur en folklore; Woz en Chalkie, die ons elke dag in contact brachten met de dierenwereld; en – als altijd Nuinn.

Derde druk, 2005

© tekst 1994 Philip en Stephanie Carr-Gomm
© illustraties kaarten 1994 Bill Worthington
© tekeningen blz. 12, 16 en 150 Nicholas Mann
© Engelse editie 1994 Eddison Sadd Editions
*Oorspronkelijke titel:* The Druid Animal Oracle

*Voor het Nederlandse taalgebied:*
© 1998 Uitgeverij J.H. Gottmer / H.J.W. Becht BV, Postbus 317, 2000 AH Haarlem
(e-mailadres: post@gottmer.nl)
Uitgeverij Altamira-Becht BV is onderdeel van de Gottmer Uitgevers Groep BV
*Vertaling:* Wim van der Zwan
*Lijntekeningen:* Anthony Duke
*Zetwerk:* Peter Verwey Grafische Produkties bv, Zwanenburg

ISBN 90 230 1008 6 / NUR 720

Behoudens de in of krachtens de Auteurswet van 1912 gestelde uitzonderingen mag niets uit deze uitgave worden verveelvoudigd, opgeslagen in een geautomatiseerd gegevensbestand, of openbaar gemaakt, in enige vorm of op enige wijze, hetzij elektronisch, mechanisch, door fotokopieën, opnamen of een andere manier, zonder voorafgaande schriftelijke toestemming van de uitgever. Voorzover het maken van reprografische verveelvoudigingen uit deze uitgave is toegestaan op grond van artikel 16 h Auteurswet 1912 dient men de daarvoor wettelijk verschuldigde vergoedingen te voldoen aan de Stichting Reprorecht (Postbus 3060, 2130 KB Hoofddorp, www.reprorecht.nl). Voor het overnemen van gedeelte(n) uit deze uitgaven in bloemlezingen, readers en andere compilatiewerken (artikel 16 Auteurswet 1912) kan men zich wenden tot de Stichting PRO (Stichting Publicatie- en Reproductierechten Organisatie, Postbus 3060, 2130 KB Hoofddorp, www.cedar.nl/pro).

Voor meer informatie over de boeken van Altamira-Becht: **www.altamira-becht.nl**

# INHOUD

INLEIDING 4
Het einde van leven en het begin van overleven • De cirkel der druïden • De traditie der druïden – onze vergeten erfenis • Onze dierlijke leraren • Geworteld in de tijd • Sjamanisme en de kracht van dieren • De Andere Wereld van de Kelten • Innerlijke dieren, krachtdieren, totemgidsen • Het herstellen van het evenwicht – dans de droom tot leven

HOOFDSTUK EEN
ORAKELS 12
De wateren der tijd • De heldere kennis • Het Dierenorakel der druïden

HOOFDSTUK TWEE
DE HEILIGE DIEREN UIT DE TRADITIE DER DRUÏDEN 16
MEREL 18 • HINDE 22 • REEBOK 26 • BEER 30 • VOS 34 • EVERZWIJN 38 •
HAVIK 42 • HOND 46 • UIL 50 • KAT 54 • KRAANVOGEL 58 • KIKKER 62 •
RAAF 66 • ZWAAN 70 • WOLF 74 • ADDER 78 • ADELAAR 82 • ZEUG 86 •
STIER 90 • GANS 94 • RAM 98 • HAAS 102 • ZALM 106 • BIJ 110 •
OTTER 114 • KOE 118 • PAARD 122 • WINTERKONINKJE 126 •
WATERDRAAK 130 • AARDEDRAAK 134 • LUCHTDRAAK 138 •
VUURDRAAK 142 • ZEEHOND 146

HOOFDSTUK DRIE
HET GEBRUIK VAN DE KAARTEN 150
Het begin • Gewijde ruimte – de cirkel der druïden • Het stellen van de vraag • Het schudden van de kaarten • Het kiezen van de kaarten • De verschillende legpatronen – Legpatroon met één kaart • Legpatroon met drie kaarten • Het Awen-legpatroon • Het legpatroon der elementen • Het legpatroon van de geesten van de cirkel • Het legpatroon van de haard • Het Arianrhod-legpatroon • Interpretatie van de kaarten • Voorbeelden – Het legpatroon van de geesten van de cirkel • Het legpatroon van de haard • Andere toepassingen van de heilige dieren • Heilige dieren geven ons kracht

Uitspraak 174
Literatuur 175
Het dierenorakel en het pad van de druïde 176

# INLEIDING

*Vruchtbaar dal met meren vol vis,*
*hoe schoon zijn je ronde heuvels vol tarwe;*
*de herinnering aan je doet me pijn,*
*jij dal vol bijen en de gehoornde wilde stier.*
Uit 'Deirdre Remembers a Glen'; Iers, veertiende eeuw

## HET EINDE VAN LEVEN EN HET BEGIN VAN OVERLEVEN

In 1855 waarschuwde opperhoofd Seattle de blanke kolonisten van Amerika: 'Als de geheime hoeken van het bos zwaar zijn van de geur van vele mannen' markeert dit 'het einde van leven en het begin van overleven'. De kolonisten kwamen van een continent dat zijn oorspronkelijke traditie was vergeten ten gunste van een geloof dat leerde: 'Breng veel nakomelingen voort om de aarde te bevolken. Zij zullen zeggenschap hebben over de vissen in de zee, over de vogels in de lucht, over de dieren op het land, de tamme en de wilde, de grote en de kleine' (Genesis 1,28).

Nu, ruim een eeuw later, klinken de woorden van opperhoofd Seattle nog indringender. We moeten strijd leveren om bossen en wild te behouden. Om ons niet te vervreemden van de aarde wordt de noodzaak ons te verbinden met onze spirituele wortels sterker. Hiervoor moeten we onze oorspronkelijke spiritualiteit bestuderen en in de praktijk brengen. Dit is een spiritualiteit die nu pas weer in onze herinnering komt en dit boek en deze kaarten vertegenwoordigen een deel van dit herinneringsproces, een manier om weer contact te maken met een traditie die in feite nooit verloren is gegaan – slechts vergeten is. Deze traditie bestond al lang voor de opkomst van het christendom en heeft diverse elementen: Saksische, Noorse, Griekse en Romeinse. De oorsprong is zelfs nog ouder en wordt gevormd door de geloofsovertuigingen en gebruiken van de Kelten en druïden.

Als we vanuit het perspectief van een aardegerichte religie als die van de druïden kijken naar de puinhoop die we gemaakt hebben op onze zoektocht naar winst en profijt, ontdekken we dat er geen scheiding is tussen de wereld om ons heen en onze innerlijke wereld. Met het verdwijnen van de ongerepte natuur verdwijnt ook iets van deze natuur in ons. Als een dier uitsterft, sterft er ook iets in ons. Als we het milieu om ons heen misbruiken, misbruiken we ook ons innerlijk milieu. Nergens wordt dit zo zichtbaar als in het vernietigen van het regenwoud, waar jaarlijks duizenden soorten uitsterven omdat wij meer vlees willen produceren, waarvan het overmatig gebruik aantoonbaar te maken heeft met hartziekten en sommige vormen van kanker. Met het vernietigen van de buitenwereld die alle leven onderhoudt en voedt, vernietigen we in een tragische symmetrie de innerlijke wereld van ons lichaam. Als je een blik werpt op de dierenkaarten, hebben ze je allemaal iets te zeggen. Sommige stemmen komen van de Andere Wereld. In Groot-Brittannië dolen de geesten van beren en wolven, kraanvogels en wilde zwijnen over de heuveltoppen in hun verlangen naar terugkeer. Hun roep, en ook de roep der druïden, is echter een roep uit de toekomst, en niet uit het verleden. Het is een roep die ons aanspoort één te worden met de hele schepping, want er is nog hoop. Het zijn stemmen die ons oproepen de waanzin van onze vervreemding en vernietigingsdrang een halt toe te roepen en ons weer te verbinden met al onze relaties – de stenen en de bomen, de vogels en de insecten, de vissen en de dieren. Misschien dat we dan weer opnieuw kunnen leven – en niet enkel overleven om te lijden aan de gevolgen van ons waandenkbeeld dat we heersers zijn over de Natuur.

## DE CIRKEL DER DRUÏDEN

Als we ons superioriteitsgevoel opgeven, stellen we ons open voor de ervaring van een leven in gemeenschap met de Natuur, als onderdeel van de Natuur en niet ervan afgescheiden. We worden welkom geheten in een kring die we eigenlijk slechts in onze waandenkwereld hebben verlaten. De Ronde Tafel is weer heel. Druïden komen bijeen in cirkels, gezeten in een kring rond het vuur, in een cirkel van stenen of een kring van bomen. Als we dit doen, ervaren we dat we niet alleen samen zijn met onze hedendaagse lichamelijke metgezellen, maar ook met de geest van dieren en bomen, van stenen en sterren, met onze voorouders en onze kinderen en de kinderen die zullen komen, lang nadat wij zijn overgegaan. Als we naar de nachtelijke hemel kijken, voelen we de geesten van dieren op ons neerkijken en begrijpen we waarom de oude Grieken de kring van sterren aanduidden als de zodiak, de 'cirkel van levende dieren'.

## DE TRADITIE DER DRUÏDEN – ONZE VERGETEN ERFENIS

Er is zoveel van onze oorspronkelijke traditie verloren gegaan, dat het samenstellen van dit boek onbegonnen werk leek. Maar een van de opwindende ontdekkingen die we deden toen we dit boek en orakel samenstelden, was dat de kennis van de dierenkracht helemaal niet verloren was geraakt – slechts verwaarloosd en vergeten. Wat we hier weergeven, zijn niet **onze** ideeën over de dieren en wat ze ons kunnen vertellen, maar vertegenwoordigt een onderdeel van de oorspronkelijke traditie van Kelten en druïden, die ons dit geschenk brengt als resultaat van meer dan 7000 jaren ervaring en inzicht.

Men heeft ons doen geloven dat er van de leringen en de praktijk der druïden nauwelijks sporen bewaard zijn gebleven. En toch zijn daar, niet diep begraven, maar eenvoudig aan de kant gezet, de verhalen en de mythen, de volksgebruiken en -wijsheden, de steencirkels en de heilige plaatsen, de resten van de traditie der barden en de historische aanwijzingen die, samengevoegd en verenigd met gezond verstand en intuïtie, een praktijk en een leer onthullen die opnieuw tot leven kunnen worden gebracht, en ook worden gebracht – overal op de wereld.

## ONZE DIERLIJKE LERAREN

Onze voorouders vereerden elk onderdeel van de natuurlijke wereld en zagen in alles een mogelijke bondgenoot, gids en leraar. De hedendaagse druïde kan ook inspiratie en een gevoel van richting en bijstand ondervinden vanuit elk aspect van de natuurlijke wereld, maar vroeger was dit wellicht gemakkelijker en minder ongewoon. Er stond minder tussen ons en de wereld van de natuur en volgens het gangbare wereldbeeld was alles doortrokken van spiritueel leven en spirituele betekenis. Vooral dieren werden om hun eigenschappen vereerd. Deze waren heilig voor de godin of de goden.

Diverse stammen of clans zouden afstammen van dieren, zoals de 'Katmensen' uit Schotland en de 'Wolvenstammen' en 'Hondenkoppen' uit Ierland. Ook hadden sommige families dieren als voorouders. De zeehond was bijvoorbeeld een stamvader van ten minste zes families in Schotland en Ierland. De meeste stammen hadden hun totemdieren. Deze kwamen duidelijk naar voren in hun naam. Voorbeelden zijn de Caerini en Lugi in Sutherland (Volk van Schapen en Volk van de Raaf), de Epidii van Kintyre (Paardenvolk), de Tochrad (Zwijnenvolk), Taurisci (Stierenvolk) en Brannovices (Ravenvolk). De totemdieren van families komen terug in de naam, het wapen of de traditie van de familie. We kennen allemaal dierenachternamen als Vos, en menigeen kent het dier achter klassieke namen als Philip (uit het Grieks: 'liefhebber van paarden'). Vele namen in de Keltische taal stammen rechtstreeks uit de dierenwereld en in hoofdstuk twee hebben we geprobeerd een zo groot mogelijk aantal hiervan te behandelen. De wetenschap dat namen als de Zoon van Vos of Kleine Wolf gebruikelijk waren in de oorspronkelijke Keltische traditie brengt ons dichter bij onze broeders en zusters uit de oorspronkelijke Amerikaanse traditie der indianen.

Onze voorouders respecteerden en hielden zoveel van dieren dat ze zich bij voorkeur met hen lieten begraven, zodat de dieren hen tot gids konden zijn in de Andere Wereld. Botten en tanden dienden als amulet. Vachten dienden als kleding en bed en waren nuttig voor schilden, trommels en doedelzakken. Huiden, hoorns, hoeven en vlees aanvaardden onze voorouders als gift en alles van het dier werd benut – zelfs de uitwerpselen werden soms gebruikt voor genezing. Voor aanvang van de jacht vroeg men de godin om toestemming vóór men een dier doodde. De jacht zelf was heilig en omgeven met taboes om zowel de jager als het wild te beschermen.

De band tussen onze voorouders en dieren was uitzonderlijk hecht. Het was niet slechts een relatie met lagere dieren, maar met beschermers, gidsen in deze en de volgende wereld, helers, vrienden en leraren. Geen wonder dat dieren heilig waren en als de gezellen der goden werden beschouwd. Wij, de nog jonge en tweedimensionale mensheid, zijn het die de dieren zien als 'mindere' schepselen met een inferieure intelligentie, die voor weinig anders dienen dan voedsel.

### GEWORTELD IN DE TIJD

Het vereren van dieren en het bewustzijn dat in hen een leraar schuilt is zo oud als de mensheid zelf. De Drachenloch-grotten in Zwitserland laten altaren zien van 70.000 jaar oud, gewijd aan de Beer. De prachtige dierenschilderingen en het ceremoniële standbeeld van het lichaam van een beer uit de grotten van Lascaux zijn meer dan 19.000 jaar oud. Het is duidelijk dat dieren in het centrum stonden van de religieuze praktijk vanaf de vroegste tijden. In een mesolithische nederzetting in Yorkshire zijn geweien gevonden van bijna 10.000 jaar oud. Ze werden gebruikt als rituele hoofdtooi.

Het dragen van dierenhuiden of -koppen en veren was een manier om zich met dieren te vereenzelvigen of zelfs tijdelijk een dier te worden, om hun krachten aan te nemen en goddelijke inspiratie te ontvangen. Op de Britse eilanden praktiseerde de lokale bevolking dit nog in de zevende eeuw. Augustinus veroordeelt 'deze uiterst smerige gewoonte om zich te kleden als een reebok'. Barden in Ierland droegen een *tugen*, een gevederde mantel gemaakt van 'de huiden van vogels, wit en veelkleurig ... onder de gordel en van de nek en borst van wilde eenden boven de gordel'.

Onze voorouders kleedden zich niet alleen als dieren, ze offerden en begroeven hen ook ritueel. Wie hiermee moeite heeft, bedenke dat miljoenen batterijdieren tegenwoordig dagelijks worden geofferd, en niet in een spirituele context, terwijl het offeren en de rituelen van onze voorouders slechts een klein aantal dieren betrof en geschiedde in het intense bewustzijn van het geschenk dat het dier met dit offer gaf. Het lijkt erop dat de dieren ceremonieel als dankoffers werden begraven in graanopslagplaatsen die in onbruik waren geraakt. Vergelijkbare rituelen vonden plaats met dieren die de doden begeleidden of die in tombes of heiligdommen werden begraven.

Het belang van dieren in het religieuze leven van onze voorouders komt ook naar voren in de acht Keltische jaarfeesten. Vier daarvan, de zogenaamde Vuurfeesten, zijn verbonden met de veeteelt en landbouw en zijn al minstens 7000 jaar bekend. Imbolc, op 1 februari, is de tijd van het lammeren en kalven en de eerste zaaiperiode. Beltane, op 1 mei, geeft het begin van de zomer aan, als de kuddes naar de hoger gelegen weiden worden gebracht. Lughnasadh, op 1 augustus, geeft het begin van de oogst aan en Samhuinn op 1 november het begin van de winter, als de dieren weer terugkomen in de valleien en waar nodig dieren worden geslacht om de veestapel op orde te houden.

## SJAMANISME EN DE KRACHT VAN DIEREN

Sjamanen werken veel met de kracht van dieren, en in de praktijk en filosofie van de druïden zijn vele sjamanistische elementen terug te vinden. Volgens Michael Harner, een autoriteit op het gebied van het sjamanisme, is sjamanisme het best te omschrijven als een methode om een deur naar een andere werkelijkheid te openen. Veel ceremoniën en meditaties van de druïden beogen inderdaad naar andere werkelijkheden te reizen. Het woord 'druïde' is verwant aan woorden die zowel 'eik' als 'deur' betekenen. In de lessen van de druïden is het symbool van de deur van groot belang.

Joseph Campbell, de autoriteit op het gebied van de mythologie, heeft aangetoond dat een aantal belangrijke elementen centraal staan in sjamanenkunst. Dit zijn onder andere: rituele dans, het bezit van een stok of staf, extatische trance, het dragen van een dierengewaad, identificatie met een vogel, hert of stier, meesterschap over dieren waarop wordt gejaagd en initiaties en de controle over een magisch dier of 'beschermgeest'. Sporen van rituele dansen zijn wellicht terug te vinden in oude volksdansen en de literatuur over druïden bevat talrijke verwijzingen naar de druïdenstaf en extatische of verhoogde staten van bewustzijn. De overige kenmerken die Campbell opsomt, hebben alle te maken met dieren en komen ook allemaal voor in de traditie van de druïden. We noemden al het verkleden als dier (hert of vogel). Men stelde druïden vaak gelijk aan dieren: ze werden adders of biggen genoemd en bezaten 'kraanvogel-, raven- of vogelkennis'. Soms droegen ze namen als Mathgen, de Beer-Geborene. Vooral herten en stieren zijn belangrijk bij de druïden. Het hert, bereden door de wijze Merlijn, is een boodschapper van de Andere Wereld en de stier is gewijd aan de god Taranis, de goedaardige hemelgod van de donder en bliksem en de eikenboom. De stier komt ook prominent voor in de gewijde muziek der druïden: de bronzen rammelaars voor ritueel gebruik hebben de vorm van de testikels van de stier en de bronzen hoorns die overal in Engeland en Ierland worden aangetroffen lijken op de hoorns van een stier. Als men erop speelt volgens de *circular breathing*-methode, zoals men een didgeridoo bespeelt, klinken ze als het brullen van een stier.

Het beeld van 'meesterschap over dieren van de jacht' is te vinden in de Keltische iconografie en literatuur. Beelden van Cernunnos of de Heren van de Jacht vindt men in Groot-Brittannië en Frankrijk en het treffende beeld van de meester over alle dieren komt voor in de *Mabinogion* uit Wales. Macht over een magisch dier of beschermgeest, is in de Britse folklore een eigenschap van de heks, waarbij de haas, de pad en de kat de meest voorkomende beschermgeesten zijn. Er bestaan veel historische banden tussen de druïden en de heksen. Meer informatie hierover is te vinden in *The Druid Way*.

## DE ANDERE WERELD VAN DE KELTEN

Het geloof dat de materiële wereld waarin we leven slechts één niveau van bestaan is, neemt een belangrijke plaats in in het wereldbeeld van de druïden. Achter of voorbij deze wereld ligt de Andere Wereld, de wereld van geesten, krachten en machten die ons tot gids kunnen zijn en die ons kunnen helpen, als we hun bestaan maar erkennen en hun werkelijkheid maar aanvaarden.

Vooral dieren, die de kloof tussen deze twee werelden kunnen overbruggen, worden vereerd. Ze kunnen ons boodschappen brengen uit de Andere Wereld en ze kunnen als gids fungeren in die wereld waarin we komen als we onze lichamelijke vorm afleggen. Omdat dieren zowel een stoffelijke als een onstoffelijke vorm hebben, kunnen ze ons ook leiden en beschermen als ze niet lichamelijk aanwezig zijn. Hoewel ieder dier in de Andere Wereld een eigen pad heeft, laat een nadere bestudering, zoals in dit orakel, zien dat er groepen zijn die in het bijzonder geschikt zijn voor bepaalde doelen. Sommige komen het meest tot hun recht als beschermers en bewakers, andere als helers, gidsen, leraren, gedaanteveranderaars of beschermgeesten. De lijst achter in dit boek geeft de verschillende categorieën aan. Opvallend is dat het merendeel van deze dieren gewijd is aan de godin.

## INNERLIJKE DIEREN, KRACHTDIEREN, TOTEMGIDSEN

Het Dierenorakel kan ons in contact brengen met vier verschillende soorten dieren. Allereerst kan het een opening bieden naar de schoonheid van het aardse dier en het kan ons iets leren van zijn gewoonten en manier van leven. In de tweede plaats kan het ons in contact brengen met onze 'innerlijke dieren'. Op de een of andere manier werken dieren als ideale symbolen of beelden van onze diepste verlangens en angsten, van die delen van onze psyche die we ontkennen, onderdrukken of eenvoudig verwaarlozen. Door de dieren die in droom, meditatie of verering via het orakel ons bewustzijn binnenkomen, te verwelkomen en liefde te geven, verrijken we ons innerlijk leven en ontdekken we een manier van persoonlijke groei die geheel in harmonie is met de natuurlijke leefwereld.

Ten derde bestaan er krachtdieren. Net als in andere inheemse tradities, gelooft men in de traditie van de druïden dat dieren ook in de Andere Wereld leven in onstoffelijke vorm. Deze dieren kunnen ons soms bezoeken en ons energie geven, of heling, inspiratie of advies. Omdat elk dier een speciale kracht, gave of 'medicijn' in zich draagt, noemt men ze ook wel 'krachtdieren'.

Het vierde soort dier kennen we als 'totem'. Als we besluiten met krachtdieren te werken, kan dit leiden tot een speciale band met een of meer dieren. We kunnen hun aanwezigheid voelen in ons bewustzijn, als ze ons begeleiden, onderwijzen en helpen. We kunnen deze dieren dan onze 'totems' of 'beschermgeesten' noemen.

## HET HERSTELLEN VAN HET EVENWICHT – DANS DE DROOM TOT LEVEN

Onze joods-christelijke cultuur heeft ons geleerd bang te zijn voor dieren – zowel voor de dieren in het wild als voor onze eigen dierlijke aard. Doordat we geleerd hebben 'de aarde te onderwerpen' hebben we ook ons eigen instinctieve zelf onderworpen. Door een scheiding aan te brengen tussen geest en stof, lichaam en ziel, zijn onze innerlijke dieren gekooid, afgeschrikt en vergeten. Ze verschenen alleen nog in onze dromen als de wilde dieren die knagen aan de franjes van onze beschaafde samenleving – als weerwolven en gevaarlijke roofdieren; zij symboliseerden de 'beestachtige' noden van de mens die te 'beschaafd' is om te zien dat het dier en het lichaam heilig zijn.

De paradox is echter dat we nooit volledig mens kunnen zijn als we het dier in ons verwerpen. Om onze menselijkheid te herwinnen moeten we hen omarmen en in liefde leren beseffen dat elk dier ook in onze harten en zielen bestaat. Het werken met de heilige dieren kan ons daarbij helpen. Daarnaast brengt het ons naar een schatkamer van traditionele wijsheid die we weer kunnen opeisen en kunnen gebruiken voor ons eigen welzijn en voor het welzijn van alles wat leeft.

HOOFDSTUK EEN

# ORAKELS

Kijk vaak en diep in het meer van Fec.
*Uit 'Het lied van de Zalm-God' door W.P. Ryan*

*Gans en zalm op een Pictische steen uit Morayshire, vermoedelijk 6de eeuw*

## DE WATEREN DER TIJD

Het leven wordt vaak vergeleken met een rivier. Het stromende water is een symbool voor ons leven dat stroomt naar de oceaan van eenheid en zegen. Met een orakel proberen we onder de oppervlakte van het water en van ons leven te kijken naar de onderstromen, de diepten, de verborgen geheimen. Misschien hebben we het geluk er de zalm der kennis te vinden, die ons de waarheid kan vertellen: tijd is niet lineair.

Het lijkt erop of we een pad bewandelen dat meedogenloos van het verleden via het heden naar de toekomst loopt, maar mystieke ervaring, de oude wijsheidstradities en ook hedendaagse natuurkundigen vertellen ons dat dit slechts schijn is. De werkelijkheid is veel wonderbaarlijker dan dit lineaire beeld, al kan ons verstand dit niet volledig bevatten. Af en toe vangen we signalen op dat lineaire tijd op een bepaald niveau niet bestaat. Wellicht in een meditatie, in slaap of in een bijna-doodervaring. Misschien ook speelt de tijd een spel met ons in het creëren van synchroniteitservaringen die normaal gesproken onmogelijk of uiterst onwaarschijnlijk zijn.

Deze tijd-vrije staat lijkt de voedingsbodem, de impuls en de kracht te leveren die ons als gids dienen op onze tocht door de wereld van de lineaire tijd.

Orakels zijn hulpmiddelen die ons kunnen helpen bewust en met ons volle verstand bij deze voedingsbodem te komen. Met een orakel kunnen we een flard opvangen, een moment van inzicht beleven, beelden of ideeën krijgen die ons iets vertellen over hoe tijd werkt, over de 'bodem' onder gebeurtenissen en ervaringen in ons verleden, heden en toekomst. MAAR EEN ORAKEL KAN NIET DE TOEKOMST VOORSPELLEN. Het kan alleen verwijzen naar mogelijkheden, valkuilen, werkwijzen en keuzen. Het is te gemakkelijk een orakel te raadplegen en een woord of zin eruit op te vatten als een voorteken of voorspelling. Als je die neiging hebt, bestudeer dit hoofdstuk dan eerst goed, voordat je het Dierenorakel raadpleegt. Om de dierenkaarten goed te gebruiken, moet je het verschil kennen tussen het raadplegen van een orakel en het voorspellen van geluk. Ralph Blum stelt naar aanleiding van het orakelen met runen dat 'ze niet gemaakt zijn voor waarzeggerij of voorspellingen. Het lot van de toekomst ligt in Gods handen, niet in de onze. De runen zijn eerder een instrument dat ons kan helpen de weg te vinden door ons leven van vandaag, want alleen in het heden kan onze kracht worden aangewend ... De runen vormen een systeem van begeleiding en zelfhulp ... een "kompas voor gedrag".'

Hetzelfde geldt voor het Dierenorakel. Gebruik het niet om uit te vinden wat in de toekomst zal gebeuren, maar veeleer om erachter te komen welke invloeden of neigingen *misschien* in ons leven bestaan die vragen om aanmoediging, begrip of verandering. Dan wordt het orakel een manier om persoonlijke verantwoordelijkheid voor ons leven aan te moedigen in plaats van te berusten in ons 'lot'. Het leven is als een zeilboot. Hoe meer we weten van de getijden en het weer, des te beter kunnen we zeilen. Hoe meer informatie we hebben over wat ons leven beïnvloedt, des te beter zijn we in staat er op de meest verantwoordelijke en zinvolle manier op te reageren.

## DE HELDERE KENNIS

De traditie der druïden erkent dat kennis neutraal is. Het gebruik maakt kennis goed of slecht, zinvol of schadelijk. De inspiratieketel schenkt in de Keltische traditie zowel heldere kennis als noodlottig. Het is onze verantwoordelijkheid de vergaarde kennis op een creatieve en positieve manier te gebruiken. Dit geldt voor alle kennis, ook de kennis die voortkomt uit het gebruik van een orakel.

Ovaten zijn druïden in opleiding die gespecialiseerd zijn in heling en het werk met de geest van tijd. In het verleden waren ze ook betrokken bij voorspellingen en waarzeggerij. Voorspellen geschiedt op basis van tekens en voortekens en om de toekomst te voorspellen waren vele methoden in omloop, inclusief de interpretatie van het weer, de vlucht van vogels, het gedrag van dieren. De druïdenkoningin Boudicca (Boadicea) liet bijvoorbeeld een haas wegrennen uit haar mantel, vlak voor haar treffen met de Romeinen. De richting van de haas werd gezien als de gunstigste voor de Britten, die inderdaad de slag wonnen. *Neladoracht* was de Ierse naam voor de druïdenkunst van het voorspellen op grond van de wolken; vergelijkbare technieken maakten gebruik van tekens in vuur of water.

Waarzeggerij is een meer ontwikkelde vorm van voorspellen en men zegt dat de druïden een vorm van waarzeggerij gebruikten op basis van het heilige bomenalfabet Ogham. De tekens voor elke heilige plant of boom werden op stokjes gekerfd en de stokjes, dragers van de symbolen van deze planten of bomen, werden op de grond geworpen en gelezen. Een moderne aanpassing van deze methode is te vinden in *The Celtic Tree Oracle* (Liz en Colin Murray) en *The Celtic Oracle* (Nigel Pennick).

De ovaten gebruikten waarzeggerij niet alleen om de subtiele, ongrijpbare sferen van tijd en geest te doorgronden, maar ook om tastbare zaken als water of metaal op te sporen of dingen die kwijt waren of bewust verstopt. Door te wichelen naar een verborgen waterbron symboliseerde de ovaat in de wereld van vormen de zoektocht der druïden naar verborgen leven en kennis achter de sluier der verschijnselen.

## HET DIERENORAKEL DER DRUÏDEN

Het Dierenorakel borduurt voort op de verzamelde kennis uit het verleden en is een nieuwe bijdrage aan de immer groeiende en veranderende traditie der druïden. Wij zien het in het bijzonder als een bijdrage aan de ovaat-richting binnen de druïdenleer, waarin de kunst van het voorspellen verdiept wordt door inzicht in zowel psychologie als traditionele gebruiken. De inspiratie voor dit orakel kwam drie jaar geleden tijdens een workshop in Amerika, toen we de medicijnkaarten van Jamie Sams en David Carson tegenkwamen. We brachten een set mee naar Engeland en beseften dat we de dierentraditie der Kelten en druïden ook in de vorm van kaarten konden presenteren. Het leek een ideale manier om de rijkdom te tonen van een traditie die thans wordt herontdekt.

De medicijnkaarten stellen vooral dierenwijsheden voor uit de traditie van de Amerikaanse indianen, maar het eerste legpatroon uit het boek komt uit de druïdentraditie en dit symboliseert een prachtige regenboogbrug die onze beide tradities verbindt. Ze hebben veel gemeen: heilige cirkels, het eren van de windrichtingen, diepe eerbied voor de natuur, een geloof in dierengidsen, en een overweldigend gevoel dat het land zelf heilig is. Er zijn zelfs aanwijzingen dat druïden gebruikmaakten van zweethutten en we weten dat ze voor hun ceremoniële kledij en hoofdtooi vogelveren gebruikten. Toen we in Amerika waren, zeiden sommige indiaanse leraren dat de 'blanken' hun de tradities ontnamen zoals ze ooit hun land hadden afgepakt. 'Laten ze eerst contact leggen met hun eigen wortels, dan kunnen ze bij ons komen. Maar eerst dienen ze vrede te sluiten met hun eigen voorouders,' zeiden ze ons. We willen niet generaliseren, want er zijn altijd uitzonderingen, maar waarschijnlijk hebben ze gelijk. Pas als we ons helemaal thuis voelen in onze eigen oorspronkelijke traditie, kunnen we ons eenvoudig aansluiten bij andere tradities. Komend van een solide en hechte basis hoeven we ons niet meer als buitenstaanders of jagers op onze prooi te storten en kunnen we de ras- en cultuurverschillen overstijgen om ons in alle tradities, bij de hele mensheid thuis te voelen.

Wij zijn ons bewust van de diepe band tussen de inheemse tradities van alle landen, en we bieden dit Dierenorakel aan als een hulpmiddel waarmee mensen contact kunnen maken met de rijkdom van hun spirituele erfenis.

HOOFDSTUK TWEE

# DE HEILIGE DIEREN UIT DE TRADITIE DER DRUÏDEN

*Gehoornde figuur, misschien Cernunnos; fragment van de Gundestrup-ketel, Denemarken, 1ste eeuw v.Chr.*

De bladzijden hierna geven een samenvatting van de druïdenlessen, Keltische en volkswijsheden over 29 dieren en vier draken. De overlevering geeft inzicht in een groter aantal werkelijke en mythologische dieren, maar we denken met deze 33 de belangrijkste dieren te presenteren.

Bovendien bevat het orakel drie blanco kaarten, zodat je je eigen lievelingsdieren kunt toevoegen, mochten die er niet tussen zitten. Als je zo'n lievelingsdier wilt tekenen, kan de literatuurlijst achter in dit boek je op weg helpen naar de overlevering rond dit dier.

De kaarten zijn getekend aan de hand van de principes van gewijde geometrie, een wetenschap die van groot belang was voor de megalieten bouwende pre-Keltische druïden. Steencirkels zijn hierop gebaseerd. Elke afbeelding maakt op dezelfde manier gebruik van een pentagram, een cirkel en een vierkant. Aan de rand staat een boodschap in Ogham, de bomentaal van de druïden.

Bij de beschrijving van de kaarten zijn de namen der dieren weergegeven in onze taal en in het Gaelic, meestal Schots, maar soms ook Iers. Elk dier heeft verschillende namen in het Gaelic, en we hebben de meest aansprekende gekozen. Een benadering van de uitspraak vind je achter in dit boek.

Op de bladzijden over de traditie van elk dier beschrijven we de traditionele overlevering rond het dier zo getrouw mogelijk. De sleutelwoorden en interpretaties komen ook uit deze overlevering. Als je wat meer thuis bent in deze traditie en het gevoel krijgt dat je geestelijk contact kunt maken met het bewuste dier, ga je misschien ook je eigen interpretaties ontwikkelen.

**De interpretaties dienen niet te worden gelezen als voorspellingen, maar geven advies en inzicht in de innerlijke dynamica achter gebeurtenissen.**

**Het orakel moedigt geen fatalisme aan, maar kan gebruikt worden om je meer kracht te geven, het inzicht dat je kan helpen onevenwichtigheden te herstellen en te werken aan positieve resultaten.**

De dieren staan in een bepaalde volgorde, te beginnen met de merel, die bij de poort staat, het aanvangspunt. De merel roept ons op tot avontuur en verandering. Op onze reis naar de andere vier oudste dieren, het hert, de uil, de adelaar en de zalm, leren we dieren kennen die ons dieper invoeren in de Andere Wereld. Dit loopt via een cyclus van persoonlijke verandering die uiteindelijk weer bij de buitenwereld uitkomt, bij de kracht van de vier draken en de slotkaart van de zeehond, de kaart van liefde en de noodzaak om te kiezen in een wereld die tegelijk vreugdevol en uitdagend is.

# MEREL
## Druid Dhubh

betovering, de poort, de innerlijke roep

De kaart toont een merel op een lijsterbes. De schemering valt en de eerste sterren verschijnen aan de hemel. Op de achtergrond zien we de ingang naar een betoverde grot. Druid Dhubh is de vogel van de poort en de smederij.

**Druid Dhubh** roept ons op vanuit de poort tussen twee werelden, een dringende roep om een spiritueel pad te volgen en ons meer bewust te worden van onszelf. Hij roept ons vanuit de schemering en laat ons het pad zien naar de geheimen van de Andere Wereld, en wijst ons hoe we meer over onze verborgen drijfveren en mogelijkheden kunnen ontdekken. Soms is het in het leven belangrijk je te concentreren op de buitenwereld en je verantwoordelijkheden daarin, maar soms moet je aandacht schenken aan het lied van je ziel dat je achtervolgt en je oproept de spirituele waarheden te bestuderen, de innerlijke wereld te onderzoeken via dromen en mythen. Als je luistert naar het lied van Druid Dhubh kun je heling ontdekken en nieuwe diepten in je ziel.

Omgekeerd herinnert deze kaart je eraan dat de merel de vogel van de smid is en kan het lied van de merel inhouden dat je moet werken in de smidse van je eigen hart – om een leven vol bezieling, doel en bedoeling te smeden. Bij de metaalbewerking spelen de vier elementen allemaal een rol en om ons leven gezond en evenwichtig te maken, moeten we werken met de kracht van deze elementen en ze integreren in ons denken en voelen, in ons instinct en onze intuïtie. We ontkennen onze eigen kracht en verantwoordelijkheid als we alleen maar voor de poort blijven staan zonder in een van beide werelden echt iets te doen.

## De traditie van de MEREL

*De eerste mei is daar,*
*volmaakte tijd van 't jaar.*
*De merel zingt in verheven taal*
*naar d'eerste zonnestraal.*

<small>Iers, negende eeuw</small>

Een van de Gaelic namen van de merel, Druid Dhubh, betekent de Zwarte Druïde. De Engelse naam *blackbird* verwijst hier nog naar. Druid Dhubh is een vogel die prachtig en vol melodie zingt in de avondschemering en zelfs daarna. Avondschemering is de tijd van het tweeduister, een tijd waarin de ene werkelijkheid overgaat in de andere. Zulke tussentijden zijn heel belangrijk in de traditie der druïden. De merel zingt ons toe terwijl de wereld om ons heen verandert, terwijl de tijd van het daglicht en het bewustzijn en de concrete wereld plaatsmaakt voor de maantijd van het onbewuste, de Andere Wereld. Het lied van de merel herinnert ons eraan dat deze doorgangen van grote schoonheid en mogelijke kracht zijn.

Als we het lied van Druid Dhubh kunnen volgen, voert het ons naar een diepe plaats van betovering waar we geheimen over onszelf en de wereld kunnen ontdekken. In de Franse overlevering bestaat een oud verhaal dat verklaart waarom de merel zwart is en een gouden snavel heeft. Op advies van een ekster gaat een witte vogel een betoverde grot binnen en ontdekt daar de geweldige schatten van de Prins van Rijkdom. In de tweede grot ziet de vogel een berg stofgoud. Als hij zijn snavel in het stofgoud steekt, wordt hij verrast door een boze geest die de schat bewaakt. De geest komt op de merel af, vuur en rook uitbrakend. De vogel vliegt weg en kan net ontsnappen uit de klauwen van de demon, maar eenmaal buiten ontdekt hij dat hij helemaal zwart is en een stralend gouden snavel heeft.

## VOGELS VAN DE DROOMTIJD

De vogels van Rhiannon (de grote koningin uit de Welshe traditie, eega van Pwyll, de god van de onderwereld – vert.) zijn merels, wezens die deels in de Andere Wereld thuishoren. In het oude Welshe verhaal *Branwen, Dochter van Llyr*, zingen de vogels van Rhiannon de held Bran de Gezegende en zijn zeven volgelingen toe, terwijl ze 72 jaar leven in een staat van betovering zonder zich bewust te zijn van tijd en zonder te groeien. In een ander verhaal, *Culhwch en Olwen*, eist de reus Yspadadden Pencawr dat de held Culhwch de vogels van Rhiannon vangt, zodat deze hem kunnen vermaken. Hij beschrijft de vogels als wezens die 'de doden kunnen wekken en de levenden in slaap kunnen zingen'. Hier zien we de functie van de Druid Dhubh: een wezen dat ons naar de droomtijd kan voeren en dat kan spreken met onstoffelijke zielen.

De Ierse traditie kent deze vogels als de vogels van de godin Cliodna, die op twee eilanden in de Andere Wereld wonen. Hun omschrijving lijkt op die van merels, maar ze zijn groter en hebben rode veren en een groene kop. Ze leggen karmijnrode en blauwe eieren. Een mens die deze eieren eet, krijgt onmiddellijk veren, die na verloop van tijd met water zijn weg te wassen. Deze magische vogels uit de Andere Wereld zongen zieken en gewonden in slaap en genazen hen met hun zoete muziek.

Merels zijn dol op lijsterbessen, een van de heilige bomen uit de druïdentraditie. Elke bes draagt een heel klein pentagram, een magisch symbool van bescherming en kracht. Dit speelt een grote rol bij het werk van de druïden en het symboliseert onder andere een goede gezondheid. Door deze bessen te eten, kan de merel ons via zijn helende zang verbinden met de evenwichtig makende en herstellende krachten uit de Andere Wereld en het onbewuste.

## DE OUDSTE DIEREN

De merel is een van de vijf totemdieren die centraal staan in de druïdentraditie. In *Culhwch en Olwen*, het oudste verhaal waarin koning Arthur voorkomt, vraagt de reus Yspadadden aan de held Culhwch om de goddelijke jongeling Mabon te zoeken. Samen met enkele van Arthurs mannen onderneemt Culhwch de reis om raad te vragen aan de oudste dieren. Zij bezoeken eerst de Merel van Cilgwri, die volgens hen de oudste van allemaal is. 'Wij zijn gezanten van koning Arthur. We zijn naar u gekomen, omdat we geen dier kennen dat ouder is dan u. Wat kunt u vertellen over Mabon?' De merel antwoordt dat hij bij zijn aankomst te Cilgwri het aambeeld van een smid vond dat nu geheel versleten is. Zo lang woont hij er al. Maar, moet hij toegeven, van Mabon weet hij niets. Misschien dat een ouder dier hen kan helpen. Daarna gaan de helden op bezoek bij vier andere dieren: het hert, de uil, de adelaar en de zalm.

Terecht staat de merel voorop in deze totemcyclus: de merel staat in de poort tussen twee werelden en roept ons met zijn lied. Hij sust onze wakende geest in slaap en wekt onze psychische mogelijkheden. Daarna gaan we op bezoek bij de nog oudere dieren om uiteindelijk te komen bij de Zalm der Kennis, die rondzwemt in het heilige meer.

Druid Dhubh is de vogel van de smid. Het aambeeld uit bovenstaand verhaal wijst daar al op. Het Ierse *ghobadhu* betekent zowel merel als smid. Met stenen als aambeeld kraakt de merel slakkenhuizen en zijn verentooi is zwart als het gezicht van de smid en het ijzer dat hij smeedt. De god der smeden heet in de Ierse traditie Goibhniu, en in de Welshe traditie Gofannon. Brighid is ook de godin der smeden, van vuur en metaalbewerking, poëzie, inspiratie en heling. Vroeger was de smid een belangrijke figuur. Hij smeedde de wapens en de wielen, de ketels en de ploegen. Hij gebruikte het vuur in combinatie met lucht en water en het ijzererts uit de aarde. Zodoende ging hij om met alle vier de elementen om goederen te maken die de hele stam tot nut waren. Druid Dhubh staat voor de smid uit de Andere Wereld, de meester van het vuur die ons met zijn helende zang roept en ons vertelt dat we kunnen werken met de lucht van onze geest, het water van ons hart, de aarde van onze instincten en het vuur van onze spirituele passie om onszelf een nieuw leven te smeden, gebaseerd op schoonheid, waardigheid en zingeving.

# HINDE
## Eilid

subtiliteit, gratie, vrouwelijkheid

De kaart laat een witte hinde zien in een bos in de nazomer of vroege herfst. De eikels hangen zwaar aan de eiken. De hinde roept ons op haar te volgen, dieper het woud in. Zo staande in een zonnestraal, komt ze zo ongrijpbaar over dat we niet zeker weten of ze wel van deze wereld is.

**Eilid** brengt ons de tederheid en gratie van het vrouwelijke beginsel. Of je nu man of vrouw bent, door je open te stellen voor de kwaliteit van de hinde kun je een hogere graad van subtiliteit, raffinement en elegantie bereiken, in de meest positieve zin van deze begrippen.

Herten, en vooral de witte hinde, roepen ons toe vanuit de Andere Wereld, uit het feeënrijk, en nodigen ons uit verder te kijken dan het materiële, verder dan de oppervlakte van het leven, naar de kern der dingen, naar het rijk der oorzaken en niet naar het rijk van de gevolgen. Roerloos in het licht van de zon of de maan, nodigt Eilid ons uit de Andere Wereld te onderzoeken, de wereld van de spirituele dimensies in het leven.

**Omgekeerd** kan deze kaart je waarschuwen dat je jezelf te bescheiden opstelt. Misschien is het goed als je wat assertiever wordt, in plaats van je steeds als een kameleon aan te passen aan de eisen en verwachtingen van mensen om je heen. Wellicht is het ook nodig je erop voor te bereiden te werken met de Andere Wereld. Ons innerlijk leven heeft ook seizoenen en soms brengt het ons in evenwicht als we de innerlijke mysteriën onderzoeken, net zoals het soms goed is ons te richten op ons bewustzijn in het dagelijks leven. Misschien ben je op een punt gekomen dat je een belangstelling in het esoterische in evenwicht dient te brengen met een periode van naar buiten gerichte activiteit. Wees niet bang dat je daarmee het contact met de Andere Wereld kwijtraakt, want de magische witte hinde zal altijd op je wachten aan de zoom van het bos, klaar om je te begeleiden naar het hart van het woud.

## De traditie van de HINDE

*De heldere stem van de roodgerugde ree*
*onder de eikenboom, hoog op de top.*
*Ranke hinden, zo teer en schuw,*
*liggen waar bomen de open plek verbergen.*
Uit 'Deirdre Remembers a Glen'; Iers, veertiende eeuw

Het vrouwtjeshert kennen we als hinde en dit sierlijke dier was bij de Kelten en druïden bijzonder heilig. In Schotland noemde men hinden het 'feeënvee' en geloofde men dat feeën hen op de bergtoppen molken. Anderen geloofden dat hinden zelf feeën waren die de gedaante van een hinde hadden aangenomen.

In Schotland pasten minstens drie grote heks-godinnen op dit feeënvee. *Cailleach-mor-nam-fiadh* leefde in de bergen op Jura. De godin die bekendstond als *Cailleach mhor Chlibric* (de grote heks van Clibric) beschermde de herten tegen jagers. De derde, *Cailleach Beinn-a-bhric*, hoedde en molk hen op de heuvels en in de bossen. Coupletten uit haar melkliederen zijn vandaag de dag nog bekend.

### LUGAID EN DE HEKS

De relatie tussen de hinde en de heks komt ook voor in Ierland, in het verhaal hoe Lugaid koning werd. Zijn vader, koning Daire, had vernomen dat de zoon die Lugaid zou heten, de troon zou erven. Omdat hij niet een van zijn vijf zonen wilde voortrekken boven de anderen, noemde hij hen allen Lugaid. Een druïde vertelde hem dat de zoon die een jonge hinde zou vangen, koning zou worden. De vijf broers gingen op jacht en slaagden er uiteindelijk in een reekalf te vangen en op te eten. Ze raakten verdwaald in een sneeuwstorm en kwamen aan bij een heel bijzonder huis waar een lelijke oude heks woonde die elk van hen vroeg gemeenschap met haar te hebben. Vier broers weigerden, maar Lugaid Laigde, die het kalf had gedood, stemde toe. Tijdens het minnespel veranderde de heks in de schoonste aller vrouwen, symbool voor de godin van Ierlands soevereiniteit.

De Ierse godin van het wilde en ongerepte heette Flidhais en was waarschijnlijk een goddelijke jageres zoals Diana. Net als de grote heksen uit Schotland, zorgde zij voor de reeën en sommigen kennen haar als de reeëngodin.

Feeën konden door hun meesters in reeën veranderd worden. Dit overkwam een honderdtal *sidh* (feeënmeisjes) toen hun koningin een aanval van woede had. Ook stervelingen konden reeën worden. In de Fionn verhalencyclus uit Ierland tovert een zwarte druïde Fionns toekomstige vrouw om in een reekalf. In *Math*, een Welsh verhaal uit de *Mabinogion*, worden de broeders Gwydion en Gilfaethwy als straf voor een jaar omgetoverd in een hinde en een reebok. De moeder van Ossian werd in de Schotse en Ierse traditie omgetoverd in een hinde, voor ze de held-dichter ter wereld bracht.

'DRIE TIJDEN VAN DE MENS, TIJD VAN DE REE, DRIE TIJDEN VAN DE REE, TIJD VAN DE EIK'

De Kelten waardeerden de ree vanwege haar huid: het vel van de hinde werd gebruikt voor vrouwenkleren en in het Ierse verhaal *De veeroof van Cooley* wordt de kleding van de wagenmenner van Cu-Chulainn omschreven als 'een huidzacht kleed van gestikt reeënleer, licht als een ademtocht'. Volgens archeologen was de ree waarschijnlijk het meest gejaagde wild dat in Groot-Brittannië ritueel werd begraven. In de belangrijke rituele vindplaats bij Winklebury in Hampshire werd een kuil blootgelegd waarin een edelhert was begraven met twaalf vossen. Dit laat zien hoe belangrijk beide dieren waren voor de Kelten.

Vooral de hinde werd gezien als een magisch dier, dat het leven van de mens kon beïnvloeden. Het leven van de Schotse Lord van Kilmersdon veranderde toen hij een magische hinde volgde door het bos. Na enkele kilometers verdween de hinde, maar hij was daarna zo gelukkig dat hij uit dank in de plaatselijke kerk een Mariakapel oprichtte. Een andere betoverde hinde hield als vrouw de pijl vast die een jager in de Schotse Hooglanden had verloren. 'Ik ben de leidster van mijn kudde,' zei ze tot de verbouwereerde jager. 'Ik ben *Fith Fath* (betoverd) en je moet me beloven alleen bokken te schieten, geen hinden.' Toen hij deze belofte deed, verdween de vrouw, zacht zingend over haar hertenkudde.

Meer bewijs over de manier waarop feeën hun dieren beschermden is te vinden in een ander Schots verhaal van een jagershond die een witte feeënhinde achtervolgde in de buurt van Loch Ericht. De hinde voerde de hond tot in het water van het meer, een doorgang naar de onderwereld, en geen van beide werd ooit weergezien. In Ierland vertelt men het verhaal van Fionn mac Cumhaill, die een ree opjaagt tot de rand van een meer. Opeens verandert de hinde in een mooi meisje dat haar ring in het water laat vallen en aan Fionn vraagt de ring op te vissen. Als hij dit doet, verandert hij in een oude, rimpelige grijsaard.

De godin beschermt haar reeën ook. In een ander Iers verhaal joegen de Fianna een reekalf op dat hen leidde naar *Slieve-nam-Ban*, de heuvel van de vrouwe. Daar legde ze haar hoofd op de aarde en verdween.

Als het onze bedoeling is het dierenrijk te schaden, dienen we op te passen. Maar wie jaagt op kennis, en niet om te doden, kan de hinde volgen tot dieper in het hart van het woud, steeds dieper in de ontmoeting met de Andere Wereld, en met het feeënrijk.

# REEBOK
## Damh

trots, onafhankelijkheid, reiniging

Op de kaart staat een reebok die voor een poort van berkenbomen staat te burlen. In de druïdentraditie is de berk de boom van het begin en de hertenbok een wezen uit het begin der tijd. De doorgang symboliseert de plaats van overgang van deze wereld naar de Andere Wereld en de reebok wordt vaak gezien als een boodschapper uit de Andere Wereld. Op de rots naast hem is een man met een gewei getekend. Dit is de god Cernunnos, Herne de Jager of Merlijn. De planten op de voorgrond staan allemaal in verband met de reebok: boerenkers (reeën-tuinkruid), bergzuring (hertenzuring), asperge (hertenzonenlook) en heidebies (hertenhaver).

**Damh** brengt ons de eigenschappen gratie, pracht en integriteit. Door je te concentreren op de reebok is het mogelijk een groter gevoel van waardigheid en evenwichtigheid te bereiken. Zelfs oog in oog met een situatie waarin je je kwetsbaar of bekeken voelt, zoals in een rechtszaal of bij een openbaar optreden, helpt het als je je richt op de reebok. Als je vraagt om bescherming van zijn geest zul je je kalmer, sterker en waardiger voelen. De reebok staat ook voor onafhankelijkheid, zowel spiritueel als lichamelijk. Door deze kaart te trekken kun je de kracht vinden om je zelfstandigheid te winnen en te behouden. In het Ogham-alfabet, de druïdentaal van de heilige bomen, staat de Reebok in relatie met *Beith*, de berk en het getal één. De berk heeft te maken met de zegening van elk begin. Het is gunstig als je deze kaart trekt terwijl je bezig bent met nieuwe plannen. De reebok is verbonden met vruchtbaarheid en seksualiteit, wat erop wijst dat je een weg kunt vinden die waardigheid, gratie, kracht en integriteit brengt in je seksuele leven.

**Omgekeerd** laat deze kaart je zien dat het nodig is te onderzoeken in hoeverre je trots je helpt of hindert. Trots is een waardevol gevoel als het je helpt slechts het beste in je te geven; maar trots kan je ontwikkeling en vreugde in het leven ook dwarsbomen als het slechts dient om je gevoelens van kwetsbaarheid en ongeschiktheid te beschermen. Vraag jezelf af of je trots je helpt. Als dit niet zo is, kijk dan of de kwaliteiten van de reebok je kunnen helpen om integriteit en waardigheid te vinden zonder dat je ongepaste trots nodig hebt. De god der reebokken is als heer over de jacht verantwoordelijk voor selectie, wat een proces van reiniging en opoffering is en een goede ecologische balans garandeert. Als je deze kaart omgekeerd hebt getrokken, kan het erop duiden dat je leven reiniging of opoffering nodig heeft, misschien door het loslaten van onnodige bezittingen of emotionele gehechtheid. Het zal je helpen onafhankelijkheid en integriteit te verkrijgen.

## De traditie van de REEBOK

*Ik ben een reebok met een zevenpuntig gewei.*
*Het lied van Amergin*

Alle herten zijn prachtige, gracieuze dieren, maar de reebok is met zijn breedvertakte gewei ook koninklijk. Het gewei groeit in de vroege zomer aan en is volgroeid in de bronsttijd, de tijd van het paren in de late herfst. Rond de tijd van het Keltische Imbolc-feest (1 februari) werpen de bokken vlak voor de geboorte van de jongen, hun geweien af. Volgens de Welshe overlevering is de reebok een van de vijf oudste dieren van de wereld. We lezen over deze dieren in het verhaal van *Culhwch en Olwen*, het oudste verhaal dat rept over koning Arthur en zijn ridders. In dit verhaal wordt de jonge held Culhwch verliefd op Olwen, de dochter van een reus. De reus schenkt de hand van zijn dochter alleen als Culhwch 39 onmogelijke opdrachten uitvoert, zoals het bemachtigen van de slagtanden van het opperzwijn en het vangen van de honden van Rhymhi. Met de hulp van de mannen van koning Arthur slaagt de jonge held in zijn opdracht. Culhwch huwt Olwen en de reus wordt onthoofd.

Culhwch moest van de reus onder andere Mabon bevrijden uit zijn kerker in de onderwereld; Mabon, de Keltische goddelijke jongeling of zoon van het licht, werd vaak gelijkgesteld aan Apollo of Christus. Arthur koos voor deze opdracht vier mannen, onder wie Gwrhyr, de uitlegger van tongen, die de taal van de dieren en de vogels sprak. Om Mabons verblijfplaats op te sporen, gingen ze op bezoek bij het oudste dier, de merel van Cilgwri. Maar deze verwees hen naar een nog ouder dier: de reebok van Rhedynfr op Fernbrake Hill. Bij deze heuvel sprak Gwrhyr tot de reebok: 'Wij zijn gezanten van koning Arthur. We zijn bij u gekomen, omdat we geen dier kennen dat ouder is dan u. Wat kunt u vertellen over Mabon?' De reebok antwoordde: 'Van Mabon weet ik niets, maar ik zal jullie tot gids zijn en leiden naar een dier dat God maakte voor ik bestond.' Hij leidde het gezelschap naar de uil van Cawlwyd, die hen naar de adelaar van Gwernaby bracht, die hen uiteindelijk doorverwees naar het oudste dier van allemaal: de zalm. De zalm bracht hen ten slotte naar het kasteel waar Mabon gevangen zat.

Daarom is de reebok een van de vijf totemdieren die centraal staan in de Britse traditie. De opeenvolging van totemdieren van merel tot zalm stelt een reis voor die ons nog dieper in het rijk van de Andere Wereld voert.

## ALS REEBOK VERKLEED

Duizenden jaren hebben mensen geprobeerd deel te hebben aan de macht en waardigheid van de reebok en zijn verbinding met de Andere Wereld. Dit deden ze door zich in dans en ceremonie als reebok te verkleden. Deze rituele praktijk is op de Britse eilanden minstens 9500 jaar oud. In Star Carr in Yorkshire is een mesolithische nederzetting opgegraven van die leeftijd met een aantal reebokschedels, compleet met gewei. De schedels waren van binnen uitgehold en van gaten voorzien om ze gemakkelijker te kunnen dragen. Op de Keltische ketel uit Gundestrup, Denemarken, staan afbeeldingen van Cernunnos of een Keltische sjamaan met een reebokgewei, en dergelijke figuren komen ook veelvuldig voor in mythen en folklore. Elk jaar voeren de Abbots Bromley Horn Dancers in de bronsttijd een dans op met geweihoofdtooi. Dit soort dansen vond vroeger overal op de Britse eilanden plaats. In de zevende eeuw vaardigde Augustinus strikte orders uit dat 'deze uiterst smerige gewoonte om zich te verkleden als reebok' door niemand getolereerd mocht worden.

## DE HEER DER DIEREN

De heer der dieren werd afgebeeld als een man met een gewei. De combinatie van menselijke en dierlijke kenmerken duidt op krachten uit de Andere Wereld. Een dergelijke figuur vinden we terug in Cernunnos, de god van de jacht, en in de legende van Herne de Jager, een man met een gewei die in het bos bij Windsor leefde en tevoorschijn kwam in tijden van nationale nood. Sporen van de naam van Cernunnos zijn terug te vinden in plaatsnamen als Cerne Abbas, Dorset, waar de grote reus met erectie is uitgekerfd in de kalksteen van de heuvel. Cernunnos wordt geassocieerd met vruchtbaarheid (en dus seksualiteit), met de jacht en met selectie. Hij is de heer van de wilde jacht, die de zielen der doden naar de Andere Wereld voert.

De reebok reist met de wilde jacht naar de Andere Wereld, maar is ook een boodschapper uit die oorden en daarom wordt hij vaak geëerd op het feest van Samhuinn, van 31 oktober tot 2 november, als de sluier tussen deze wereld en de volgende dun is, zodat we kunnen communiceren met onze voorouders. Hij brengt de kracht en de kennis van die andere wereld met zich mee en draagt op zijn rug niet alleen de koning der feeën, maar ook Merlijn.

# BEER
## Art

oerkracht, soevereiniteit, het
huwelijk tussen intuïtie en instinct

De kaart laat een beer zien bij de ingang van een grot; in zijn linker voorpoot draagt hij een scepter. Een dergelijke scepter is door archeologen gevonden bij Stonehenge. Het is hartje winter, de tijd van *Alban Arthuan*, het 'licht van Arthur', de winterzonnewende. Op de voorgrond ligt een kroon en we zien de Poolster helder schijnen boven het sterrenbeeld van de Grote Beer, ook bekend als Arthurs ploeg.

**Art** verbindt je met je diepste voorouderlijke wortels. Op dit niveau sta je in contact met de oermoeder, de beergodin Artio, die je dapper en fel zal verdedigen tegen elk gevaar. Ook sta je in verbinding met de beergod Artaois, de machtige krijger Arthur, de Poolster als gids van de Grote Beer. Je intuïtie laat je nooit in de steek als je ernaar luistert in het holst van de nacht. Werken met de Beer geeft je de mogelijkheid een spiritueel krijger te worden, zoals Arthur. De weg naar je volle vermogen ligt in het huwelijk tussen kracht en intuïtie. Als je de oerkracht in je verbindt met je intuïtie, verbind je je sterrenkracht met je dierlijke kracht. Voor beide staat Art, de Beer, symbool.

Omgekeerd houdt de kaart van de beer een waarschuwing in: laat je niet overmeesteren door de woeste moeder, de dolle krijger – ziedende en woeste oerkrachten die niet alleen je eigen leven kunnen beschadigen, maar ook dat van anderen, als ze niet verzacht worden door menselijke kwaliteiten als mededogen en redelijkheid. Art brengt een sterke persoonlijkheid en een groot arsenaal aan kracht en met doorzettingsvermogen zal het mogelijk zijn je spirituele en intuïtieve kwaliteiten te bundelen met je instinctmatige oerkwaliteiten.

## De traditie van de BEER

> Met de zegeningen van de Grote Beer uit de sterrenhemelen en de diepdonkere, vruchtbare aarde, roepen we de krachten van het Noorden aan.
> *Uit een druïdenceremonie*

De legende van koning Arthur verbindt als een gouden draad de meest verfijnde post-christelijke vormen van het gedachtegoed der druïden met de wortels ervan in het Keltische en voor-Keltische verleden. Als we gaan inzien hoe belangrijk de Beer is in de traditie der druïden, kunnen we deze gouden draad volgen van koning Arthur terug tot het prille begin van de mensheid.

Om de betekenis van koning Arthur volledig te begrijpen in relatie tot de 'Britse zaak' en de mysteriën der druïden, moeten we de oorsprong van de naam kennen. De naam Arthur komt van het Keltische woord Art, wat beer of steen van God betekent. Arthur is de 'beerman', zo sterk en krachtig als een beer. Het grootste compliment dat een held kon krijgen in de Keltische traditie was hem een *Art na neart* te noemen, een beer in macht en kracht. Deze eigenschappen komen niet alleen voort uit de legendarische kracht en woestheid van de beer. De beer was van alle heilige dieren der druïden en Kelten, en ook van veel andere volkeren in Europa en Noord-Amerika, het allereerste dier dat werd vereerd.

Stenen altaren en aanzienlijke hoeveelheden botten van beren, gevonden te Drachenloch in Zwitserland, laten zien dat de Neanderthalers al 70.000 jaar geleden de holenbeer vereerden als heer van alle dieren. De koploze beer uit de grotten van Lascaux uit 17.000 v.Chr. werd voor ceremoniën ongetwijfeld voorzien van een berenvel met kop. De beer is werkelijk een van de oertotems, zo niet hét oertotem. Volgens Joseph Campbell is de berencultus zelfs vele eeuwen ouder dan het sjamanisme.

Plaatsen waar de beer werd vereerd, votiefbeelden en rituele sieraden vindt men in het hele Keltische gebied. De Kelten, en daarmee ook de druïden, vereerden de berengodin Artio of Andarta ('krachtige beer') en de berengod Artaois, Ardehe of Arthe. Een afbeelding van Artio is gevonden in Berne (Berenstad) met een 'berenvertrek' voor vereringsdoeleinden. In de Franse stad St. Pé-d'Ardet (van St. Père *Ardehe*), gelegen in de vallei der beren (Vallée de *l'Ourse*) niet ver van *Lourdes*, is een altaar aangetroffen uit de zesde eeuw v.Chr., gewijd aan de berengod Ardehe. Berenhuiden waren gewild als kleding en een hoofdman uit de late ijzertijd, wiens graf is opgegraven te Welwyn, Hertfordshire, lag op een berenhuid.

## DE OERKRACHT VAN DE BEER

De neolithische mens jaagde op de bruine beer, die in Schotland voorkwam tot ongeveer het einde van de elfde eeuw. Berentanden waren krachtige amuletten en in Noord-Brittannië zijn verschillende gitzwarte berenamuletten gevonden. De Caledonische beer, zoals hij werd genoemd, was om zijn woestheid gewild in Rome. Het lijdt geen twijfel dat de beer werd aangeroepen voor men, vaak gehuld in berenvellen, ten strijde trok.

De ereplaats die de druïdentraditie de beer gaf, verwaterde met de komst van het christendom en gleed uiteindelijk af naar het sarren van beren. In de Tudor-tijd had elke stad van belang zijn eigen beer en waren arena's om beren te pesten gemeengoed. Er bestond zelfs het officiële ambt van 'meester over de beren van de koning(in)'. Beren trokken het land door versierd met strikken en bloemen, vaak geblinddoekt om ze gehoorzaam te houden. Deze traditie wordt heden ten dage nog voortgezet door de zigeuners op de Balkan.

De noodzaak voor elke gemeenschap om een eigen beer te hebben is geworteld in het heidense verleden en komt voor tot in de zeventiende eeuw. In Congleton te Cheshire besloten de burgers het geld, opzijgelegd voor de aanschaf van een nieuwe bijbel, te besteden aan vervanging van de stadsbeer, die kort daarvoor was overleden. Vandaar het lied:

> *Congleton rare, Congleton rare,*
> *Sold the Bible to pay for a bear.*

In Engeland zegt men nog dat een kind 'in de vorm moet worden gelikt'. Deze vreemde uitdrukking stamt van het geloof dat een berenjong een vormeloze massa vlees was die door de moedertong in model werd gebracht. Even fantasierijk dacht men over de poten van de beer. Men dacht dat die bij het likken een eigenaardige stof uitscheidden die de beer in de lange wintermaanden tot voedsel diende. Vandaag de dag nog hakt men in China beren de poten af omwille van hun vermeende medische waarde.

Het belang van de beer in de druïdentraditie is te zien in het feit dat Arthur in de ceremoniën en de leer der druïden is gewijd aan de Poolster, in het sterrenbeeld van de Grote Beer, dat in Keltische verhalen ook wel de Arthurs ploeg heet. Als alles om ons heen donker is, als met de winterzonnewende de langste nacht daar is, keren we ons tot Arthur, de Poolster. Arthur wordt dan onze intuïtie, de enige gids die ons resteert als onze rede en zintuigen ons niet kunnen helpen. Daarom heet de winterzonnewende *Alban Arthuan*, het licht van Arthur.

Op deze manier is het oersjamanisme uit de prehistorie verbonden met de door het christendom beïnvloede druïden in de Arthur-mysteriën door middel van het beeld van de beer, die zowel dier als ster is geworden.

# VOS
## Sionnach

diplomatie, slimheid, wildheid

De kaart laat een vos zien die de eerste stappen zet op een bevroren meer. In Schotland zegt de volkswijsheid: 'Na het feest van Brighid (Imbolc) vertrouwt de vos zijn staart niet meer toe aan het ijs.' Tot in Thracië durfde de plattelandsbevolking pas op het ijs te lopen als een vos hen was voorgegaan. Op de voorgrond zien we *Ngetal*, het riet, en *Tinne*, de hulst, twee heilige planten uit het Ogham-alfabet. Onder de sneeuw zien we vingerhoedskruid (geassocieerd met de vos) en vossenkruid.

**Sionnach** is een fijngebouwd en sierlijk schepsel, een prachtig voorbeeld van natuurlijke schoonheid en harmonie. Als je met de kracht van Vos werkt, weet je wanneer je tevoorschijn moet komen om te laten zien dat je er bent, maar weet je ook wanneer het tijd is om stil te zijn en je eigen plan te trekken. In de omgang kun je diplomatiek zijn en een van de attributen van Vos is 'kracht in overleg'. Als je werkt met 'vossenkracht', moet je ervoor oppassen dat je vaardigheid en diplomatie niet omslaan in valsheid en sluwheid, wat niet eenvoudig is. Als het talent om je mond te houden of als onzichtbare toeschouwer te zien hoe het drama zich ontplooit, niet wordt verzacht door wijsheid, kan het leiden tot medeplichtigheid en schuld.

**Omgekeerd** waarschuwt deze kaart je dat je je slimheid niet op een oneerlijke manier mag gebruiken. Slimheid wordt maar al te gauw sluwheid. Een omgekeerde kaart kan er ook op duiden dat je in contact komt met dat deel in je dat zich slachtoffer voelt. In het verleden werd op de vos gejaagd omwille van zijn prachtige pels, maar de jacht was heilig. Vanaf het moment dat wapens werden gesmeed, was de vossenjacht gewijd aan de godin. Slechts na haar toestemming benam de jager de vos het leven. In recente tijd is de vos tot een symbool geworden van de natuurlijke onschuld en schoonheid die te gronde wordt gericht door de wreedheid van de mens. Als je voelt dat je slachtoffer bent van de omstandigheden en onrechtvaardig of wreed wordt behandeld, leer dan van de vos en 'houd je een tijdje koest'. Ga op in huis en gezin en ontwikkel je mogelijkheden op het gebied van meditatie en diplomatie.

Het gebruik van dierennamen als scheldwoord komt voort uit de patriarchale cultuur en de scheldwoorden slaan dan ook op vrouwen (bijvoorbeeld kat, teef of koe). 'Vixen' (vrouwtjesvos) is in het Engels zo'n scheldwoord, maar met een erotische bijklank. Een 'vixen' staat in het Engelse taalgebied voor een feeks, een sluwe, slechte en kwaadaardige vrouw, maar wel een die seksueel aantrekkelijk is. 'Foxy lady' heeft dezelfde bijklank, maar dan positiever. Als je deze kaart omgekeerd koos, kan het zinvol zijn om op de meest creatieve manier de wilde en erotische kant van je persoonlijkheid – de wildeman of wildevrouw in je – te ontdekken.

## De traditie van de VOS

*Mijn zegeningen voor de sluwen,*
*in hun jacht op schapen.*
Duncan ban MacIntyre

De Schotse bard MacIntyre zegent de vossen omdat ze jagen op schapen die het landschap vernietigen waar hij zo van houdt.

De Kelten hielden schapen in grote aantallen, niet vanwege hun vlees, maar vanwege hun wol. Pas veel later kreeg de schapenfokkerij industriële proporties en werden grote gebieden geschikt gemaakt voor enorme kuddes.

Het schaap is een huisdier en staat symbool voor de beschaving, de vos symboliseert de wilde, ongerepte en ongetemde natuur. Schapen grazen in de open vlakte, vossen zijn gewend zich te verbergen, al kunnen ze overal wonen, op rotsachtige kliffen, zandduinen en zelfs op verlaten plaatsen in de stad. Dankzij hun vermogen zich te verbergen en onmerkbaar door het bos te sluipen, en vanwege hun reputatie voor het stelen van huisdieren zoals kippen, kregen ze de naam sluw en listig te zijn. Maar sluw en slim liggen dicht tegen elkaar aan. Slimheid heeft ook te maken met het vermogen vooruit te zien en iets te herkennen. De vos is sluw en behendig, maar daarachter schuilt kennis, zicht en inzicht – hij heeft een heldere kijk.

## ZOON VAN VOS – STERK IN RAAD EN BERAAD

De Kelten en druïden hadden een grote bewondering voor de vos. Een Gallisch stamhoofd droeg de naam 'Zoon van Vos', *Louernius*. Dezelfde naam vinden we ook op tinnen vaatwerk uit Berkshire uit de derde eeuw van onze jaartelling en op een altaar uit de vierde eeuw in de Cotswolds. Vanwege zijn diplomatieke houding stond Ua Leochann, koning van Gaileng in Schotland († 989), bekend als *An Sionnach*, de Vos.

In 1984 werd in het moeras bij Lindow Moss bij Manchester het lichaam gevonden van een man die met een strop was gewurgd. De keltologe dr. Anne Ross meende op grond van het amulet van vossenbont, de sporen van maretakpollen in zijn darmen en de drievoudige doodsoorzaak dat het hier misschien ging om een man die ook Louernius heette en een druïdenprins was, die ritueel was geofferd om Ierland te beschermen tegen de Romeinen.

Een andere associatie met koningschap of leiderschap treffen we aan in Westmeath, Ierland. De familie O'Caharney of O'Kearney, ooit de leiders van Taffia, werden Sinnachs, ofwel vossen, genoemd.

De naam *sinnach* of *sionnach* is slechts een van de vele namen voor de vos. Een andere naam, *reynard* (uit de Normandisch-Franse cultuur) betekent 'sterk in raad' – wat aantoont dat onze voorouders ook de positieve eigenschappen in de vos erkenden, en niet slechts de negatieve.

*Sionnach* is ook het woord voor het riet van de doedelzak, misschien omdat het klagelijk gehuil van de vrouwtjesvos kan klinken als een doedelzak.

## DE VACHT VAN DE VOS

De roodbruine vacht van de vos met zijn toefje wit aan de staart was bij de Kelten erg in trek voor kledij en misschien ook als bed. Diodorus Siculus, een auteur uit de oudheid, beschrijft 'hun gewoonte om op de grond te slapen op de huiden van wilde dieren'. De huiden van beren waren waarschijnlijk favoriet vanwege hun dikte, maar we weten dat de huiden van honden en wolven ook werden gebruikt, vooral in Gallië.

Hoewel men op vossen joeg voor de vacht, was de vos een heilig dier en de vossenjacht een ritueel. Veel bewijsmateriaal staaft dit. Rotsgravures in de

Camonica-vallei in Italië geven de vossenjacht weer. Deze vallei is rijk aan kunst uit het Neolithicum tot de ijzertijd en geeft, net als de rotskunst uit Schotland, veel inzicht in het leven van onze voorouders. Opgravingen in Engeland en Frankrijk van rituele graven laten zien hoe belangrijk de rol van de vos was. Bij de belangrijke opgraving te Aulnay-aux-Planches in Marne werden de resten gevonden van een geofferde hond, vos en jonge beer. In een rituele kuil uit de ijzertijd te Winklebury, Hampshire, lagen een edelhert en twaalf vossen begraven. Vos en hert werden ook samen aangetroffen in het heiligdom te Digeon (Somme) en ook de Gallische heiligdommen van Mirebeau en Ribemont laten resten van vossen zien.

De vos zou, net als de otter, een magische parel dragen. Deze parel brengt geluk voor ieder die hem vindt.

# EVERZWIJN
## Torc

krijgersgeest, leiderschap, richting

De kaart laat een everzwijn zien in het woud. Op de voorgrond ligt een bronzen carnyx (hoorn) met de mond in de vorm van een zwijnenkop. Een dergelijke krijgstrompet is gevonden te Grampian in Schotland. Op het pad ligt een andere vondst uit Schotland, de Zwijnensteen. Alle Pictische koningen zwoeren hun eden daarbij. Aan de andere kant naast het pad zien we een verlaten bronzen krijgshelm, met de beeltenis van een zwijn. Deze helm werd gevonden in Powys, Wales. Op de voorgrond groeien bijvoet, paardebloem en wilde asperge.

**Everzwijn** kan je openen voor de geest van de krijger en je helpen met het vinden van de richting in je leven. Dit wilde en sterke dier roept je het bos in om een geheim te leren kennen over jezelf en de wereld. De rituele zwijnenpaden uit Wales, Cornwall, Ierland en Schotland bestaan ook in de innerlijke wereld en als je ze volgt kom je oog in oog te staan met een dier dat de wilde en ongetemde kracht in elk van ons belichaamt. Kijk hem goed aan en je zult ontdekken dat hij de godin vertegenwoordigt. Zijn huid werkt helend, hij kan je inspireren tot poëzie en muziek en zijn oerkracht kan je tot leider of hoofdman maken. Kijk of je de ongetemdheid en energie in je kunt gebruiken voor werkelijke heldendaden in een wereld die smacht naar inzicht en heling.

**Omgekeerd** kan deze kaart erop duiden dat je het gevoel voor richting bent kwijtgeraakt. De overlevering laat een nauwe band zien tussen waanzin, varkens en zwijnen. Op een speels niveau beeldt de 'morris danser' deze 'gekte' uit als hij het publiek met een varkensblaas (ook gebruikt als voetbal) slaat. Op een ernstiger niveau werden mensen die gek waren, vaak als zwijnenhoeders ingezet. Merlijn praatte met de varkens toen hij gek was, wat tevens het beeld oproept dat gekte en inzicht dicht tegen elkaar aan liggen. Soms moeten we ergens doorheen opdat iets groters en diepers ons leven kan binnenkomen. Het everzwijn is de zendeling van de Verschrikkelijke Moeder, die ook de Initiator is. Soms is het nodig dat een periode van vernietiging voorafgaat aan schepping en wedergeboorte.

## De traditie van het ZWIJN

*De slagtand van Ysgithyrwyn Opperzwijn moet ik hebben,
om mij ermee te scheren.*
<small>Uit 'Het verhaal van Culhwch en Olwen'</small>

In de Keltische traditie staat het zwijn voor rauwe oerkracht. Deze is vaak vernietigend, maar kan worden gekanaliseerd door de held, de krijger. De oude verhalen vertellen van menig verschrikkelijk en magisch zwijn. In het *Ierse Boek der Invallen* figureert de Orc Triath, een geweldig en vernietigend everzwijn. In de Fionn-verhalencyclus komt Formael voor, die op een dag vijftig soldaten en vijftig honden doodt. In het verhaal *Culhwch en Olwen* uit Wales spelen twee zwijnen een centrale rol. De held Culhwch ('varkensdraf') moet zowel Ysgithyrwyn, het Opperzwijn, als Twrch Trwyth verslaan. Het opperzwijn moet zijn slagtand leveren waarmee de reus zich kan scheren en Twrch Trwyth de kam en schaar tussen zijn oren om het haar van de reus te knippen.

De kam is als symbool al duizenden jaren verbonden met het zwijn. Oude rotstekeningen uit Schotland laten zowel kammen als spiegels zien naast zwijnen. Hieruit valt af te leiden dat het zwijn aan de godin is gewijd, ondanks het symbool van mannelijke agressie en seksualiteit. Erich Neumann, volgeling van Jung, stelt dat 'de Grote Moeder de zeug is die werpt en het zwijn dat doodt'. Het geweldige en verschrikkelijke Ierse zwijn Formael bevestigt deze associatie met het vrouwelijke als we lezen dat hij oren noch testikels heeft. In Schotland plachten vrouwen te baren bij de Zwijnensteen, met hun blote voeten op de steen om de kracht ervan op te nemen. Het Witte Zwijn van Marvan versterkt het thema van het zwijn als heimelijk of innerlijk vrouwelijk. Dit dier trad in de Ierse traditie op als muze voor zijn meester en inspireerde hem tot het schrijven van muziek en poëzie.

De Kelten gebruikten de woestheid en vernietigingskracht van het zwijn om hun eigen woestheid op te wekken en hun vijanden angst in te boezemen. Het zwijn diende als embleem op helmen en als mondstuk op strijdhoorns. De grauwende open mond van de trompet met zwijnenkop die in Grampian is gevonden, bevatte een houten lip die ging trillen als erop werd geblazen. Dat moet een afgrijselijk lawaai hebben gegeven. Het zwijn kwam ook voor op zwaarden en bronzen schilden, hier om de krijgsman te beschermen en te voorzien van diens bovennatuurlijke kracht en woestheid.

Op hoogtijdagen kreeg de kampioen van de dag de beste stukken vlees, de 'porties voor de held'. Maar zwijnen werden over het algemeen niet gegeten.

## DE GODDELIJKE JACHT

De klassieke schrijver Arrianos vermeldt dat de Kelten voor de jacht altijd de zegening der goden afriepen in ruil voor offers en dankzeggingen voor de dieren waarop ze jaagden. Op de verjaardag van de jager-godin werd een huisdier geofferd in ruil voor het wilde dier dat in de jacht het leven had gelaten. Dit offer was, samen met de eerste vruchten van de jacht, voor de godin.

De jacht was meer dan een gelegenheid tot vermaak. Het was een heilige daad vanaf het moment dat de wapens gesmeed werden, waarbij jager en gejaagde een speciale relatie aangingen. De jacht werd tot symbool en metafoor voor de reis van de geest, waarin zowel leven als dood een rol speelde en waarin door de jacht heling werd gevonden. Jagen en heling lijken geen verband met elkaar te hebben, maar archeologische vondsten bij de heilige helingsplaatsen te Lydney, Gloucestershire, en Nettleton Shrub, Wiltshire, tonen aan dat de Kelten deze twee begrippen met elkaar verbonden. Via de gedachte dat de dood van een dier leven gaf aan een ander, verbonden de Kelten het vergieten van bloed met ideeën over wedergeboorte, heling en vernieuwing.

Als we op zwijnenjacht gaan, stellen we ons open voor vernieuwing van onszelf. In het woud loopt het rituele zwijnenpad. Eerst dienen we de goden of de godin om zegening te vragen. Dan, als we het pad naar het duister durven volgen, komen we oog in oog te staan met de verschrikkelijke gestalte van het Wilde Zwijn. In werkelijkheid heeft het zwijn twee slagtanden, maar op onze jacht die ons naar de Andere Wereld heeft gebracht, heeft het zwijn als het Opperzwijn wellicht slechts één blinkende witte slagtand, of drie, net zoals stieren uit de Andere Wereld drie hoorns kunnen hebben. Als we hem dapper tegemoet treden, staat hij ons iets van zijn kracht toe. Als we ons openen voor deze primaire levenskracht, zien we wellicht eerst de mond van de onderwereld, de grot van Cruachan. Hieruit stromen talloze varkens des doods, niet te tellen en niet te vernietigen. Maar als we standhouden, zal dit beeld vervagen en zien we dat ene zwijn voor ons niet langer als een grauwend dier, maar als Taliesin die zegt: 'Ik was een wild zwijn', als Amergin die zegt: 'Ik ben een dapper wild zwijn', en dan als de druïde van de godin Ceridwen – *Gwydd Hwch* – Everzwijn der Bomen.

# HAVIK
## Seabhac

ridderlijkheid, herinnering, reiniging

De kaart laat een dwergvalk zien, de kleinste der haviken, gezeten op een rots boven een strand met twee Beltane-vuren. De zon komt op en op de voorgrond groeit haviksbaard, een composiet, met rechts gewoon havikskruid. De partner van de havik, een vrouwtjesdwergvalk, vliegt hoog boven het strand.

**Seabhac** geeft je de mogelijkheid je leven in perspectief te zien, maakt je vrij van onnodige 'bagage' en verbindt je met de wortels van je voorouders. Kijk of je tussen je dagelijkse beslommeringen door wat tijd vrij kunt maken om je leven rustig te beschouwen en de gebeurtenissen in hun samenhang te zien. Havik kan je helpen de ontbrekende stukjes van de puzzel te vinden en zal je ook wijzen op de details die van belang zijn. Wees je bewust van je wortels en de breedte van je leven en je zult een gevoel van trots en een nobele houding ontwikkelen. Als je weet waar je vandaan komt en waar je naartoe gaat, vult je leven zich met bezieling en geestdrift. Je voelt een nieuwe dag aanbreken en je neemt vol zelfvertrouwen beslissingen.

**Omgekeerd** kan deze kaart erop wijzen dat je te veel aandacht besteedt aan details. Het kan nuttig zijn om nauwkeurig te zijn en scherp als een havik te zien, maar tot het uiterste doorgevoerd en zonder overzicht, kan het leiden tot wreedheid. Hoge idealen zonder nederigheid leiden tot arrogantie en uiteindelijk tot ontkenning van het hart. Wees voorzichtig en laat je niet meeslepen door de rechtvaardigheid van je zaak, zonder de gevoelens van anderen erin te betrekken.

## De traditie van de HAVIK

Ik ben een havik op een rots.
*Het lied van Amergin*

Volgens de druïdentraditie had een bezielde bard 'vogelkennis'. Druïdensjamanen kleedden zich voor sommige rituelen in mantels van vogelveren en uit de vlucht van vogels leidde men voorspellingen af. Druïden riepen in trance de hulp van hun vogel-bondgenoot in de geest aan om naar andere sferen te vliegen of veranderden zich ter vervulling van bepaalde taken in een vogel op de innerlijke vlakten. Elke vogelsoort heeft zijn eigen kwaliteiten en roept andere ervaringen op met andere gaven voor de druïde: de adelaar brengt vernieuwing, het winterkoninkje nederigheid, de zwaan gratie, de raaf initiatie. De havik, of het nu een wouw, een kiekendief, een dwergvalk of sperwer is, staat voor ridderlijkheid en status, waardigheid en trots.

De havik wordt van oudsher geassocieerd met ridders en ridderlijkheid. Al heel lang gebruiken de welgestelden haviken bij de jacht en in de Middeleeuwen kwam een rangorde tot stand: koningen, prinsen, hertogen en graven gebruikten voor de jacht de valk, vrijboeren de havik. De dwergvalk, de kleinste haviksoort, was voor de vrouwen en de sperwer voor de priester.

### DE ZOEKTOCHT NAAR DE GRAAL

In Wales vinden we bewijsmateriaal voor de relatie tussen ridderschap en de havik. In het oude verhaal *Pwyll, Prins van Dyfed*, uit de *Mabinogion*, ruilt Pwyll geschenken als paarden, windhonden en haviken met de koning van Annwn, de onderwereld. De neef van koning Arthur, Gawain – de uitdager van de Groene Ridder – heet in het Welsh Gwalchmai, de Havik van Mei. Galahad, de zoon van Lancelot, heette Gwalch-y-Had, de Havik van de Zomer. Omdat de havik zo hoog kan vliegen, is het een zonnevogel en daarmee een geschikte naam voor deze ridders, die de hoogste eigenschappen van ridderschap en hoofsheid in zich dragen. Zij zijn de mannelijke zonnehelden op zoek naar de vrouwelijke graal.

De zoektocht naar de graal – omwille van heling, vervulling en verlichting – voert terug naar de bron van alles. Het reizen naar ons verleden, het onderzoeken van onze mythen en tradities, laat ons zien dat we veel rijker zijn dan we ooit konden denken. We ontdekken onze erfenis, onze wortels in de oude wijsheid die nog voortleeft in onze geest en in onze cultuur. De havik is een symbool van het ochtendgloren en de frisheid die een nieuwe dag brengt, maar ook van de kracht van de herinnering, de kracht waarmee zoekers terug kunnen reizen langs de paden der tijd om hun erfenis, hun geboorterecht te ontdekken.

### DE GROTE VOOROUDER

De havik is op deze zoektocht een machtige bondgenoot. In de Ierse traditie is de havik een der oudste dieren van de wereld. In een raadseldialoog met Fintan laat deze vogel een diepte aan kennis zien die bijna terugvoert tot het begin der tijden. In het volksverhaal *De Havik van Achill* lezen we dat de koudste nacht aller tijden een avond voor Beltane was. Eeuwen later kreeg de aarde weer zo'n koude nacht te verduren. De Havik van Achill vond beschutting in een adelaarsnest en doodde de kuikens. Toen de moeder terugkeerde, voedde ze de havik, die ze voor haar jong aanzag. De adelaar bevroor bijna en klaagde over de kou, maar de havik zei dat ze van een nog koudere nacht wist. 'Hoe kan dat nou, je bent pas een maand geleden uitgebroed,' reageerde de adelaar ongelovig. 'Als je me niet gelooft, vraag je het maar aan de merel bij het aambeeld,' antwoordde de havik. De merel had een ijzeren staaf bijna in tweeën gesleten met zijn snavel, maar kon zich geen koudere nacht herinneren. Toen vloog de adelaar naar een oude reebok die al meer dan vierduizend jaar oud was en wiens geweien zo groot en talrijk waren dat men er een heel veld mee kon omheinen. Deze verwees de adelaar door naar de Blinde Zalm van Assaroe. De adelaar kwam bij de zalm en vroeg hem of deze zich een koudere nacht kon herinneren. Dat kon de oude vis: 'Het was zo koud dat ik bevroor in het ijs van deze poel. De havik van Achill dook op me neer en pikte me de ogen uit. Daarom ben ik nu blind. Ik durf te wedden dat het kuiken van jou niemand anders is dan de Havik van Achill zelf.' Woedend vloog de adelaar terug, maar ze keerde terug naar een leeg nest.

In het Ierse *Boek der Invallen* wordt Finatan, de grote voorvader, op een zeker moment een havik, en ook een zalm en een adelaar. Door deze gedaanteverwisselingen laat hij zien de archetypische sjamaan te zijn, die het geheugen van de stam en de voorouderlijke spirituele kennis bewaart door terug te gaan in de tijd en de wijsheid te leren die de alleroudste dieren in zich dragen.

Het verhaal van de Havik van Achill herinnert ons eraan dat haviken sterke en in aanleg gevaarlijke vogels zijn. Zelfs de kleine dwergvalk kan een patrijs met één klap doden. Gewoonlijk voeden ze zich met ratten, hazen, konijnen en muizen. Een bepaalde havik, de machtige wouw, komt veel voor in Keltische poëzie en spreekwoorden. Deze vogel hield in de dagen van weleer de steden en dorpen schoon van afval door zijn aas te zoeken bij kadavers en krengen.

Hun vermogen om te jagen op schadelijke dieren maakte hen tot bondgenoot van de hoofse sportman. Als jagers met een wijde blik waren ze ook de bondgenoot van de druïde die de wereld der geesten onderzocht en die wilde helen door de ziel te ontdoen van ongerechtigheden die de geestelijke havik voor hem kon opsporen. Geen wonder dat het volgens het volksgeloof een goed voorteken was als je vroeg in de morgen een havik zag.

# HOND
## Cù

leiding, bescherming, trouw

De kaart laat een ruige windhond zien, gelijk aan de hond die afgebeeld is op het altaar van de heler-god Nodens uit de derde eeuw, gevonden te Lydney, Gloucestershire. Een tweede heiligdom voor heling te Nettleton Shrub in Wiltshire, gewijd aan Apollo Cunomaglus, de Keltische 'Heer der Honden', laat zien hoezeer de hond verbonden was met heling en genezing. Het is een stralende zomerse dag en de hondsroos, de margriet, het hondsviooltje en de maagdenpalm staan in bloei. Deze hete dagen in juli en augustus heten de hondsdagen omdat in deze tijd de Hondsster Sirius met de zon opkomt en ondergaat. Achter de hond zien we een meertje, want er bestaat een diep symbolisch verband tussen de hond en water.

Cù brengt leiding en bescherming en is een trouwe vriend en metgezel op je reis in dit leven en het volgende. In de druïdentraditie is de hond de hoeder van de mysteriën. Als zodanig kan hij fel zijn, maar als de bedoelingen goed zijn, zal Cù ons over de drempel helpen door de duisternis en de wateren van het onbewuste heen, naar het schitterende rijk van de godin.

Wellicht breekt de tijd aan dat je dient te handelen met de geest van Cù, om je eigen waarden te verdedigen of te beschermen wat voor jou heilig is.

Trouw, vertrouwen en loyaliteit zijn essentiële elementen in intieme relaties en wellicht is het goed je hierop te richten. Ontwikkel deze kwaliteiten in jezelf en waardeer ze in anderen.

**Omgekeerd** spoort deze kaart je aan te onderzoeken in hoeverre je trouw en loyaal bent ten opzichte van je omgeving. Vraag je af in welke mate je deze kwaliteiten in je vrienden en beminden waardeert en in hoeverre zij en jij deze waarden uitstralen. Als je het moeilijk vindt vriendschapsbanden aan te houden, zal Cù je bondgenoot zijn en je helpen altruïsme en vertrouwen te ontwikkelen, het voedsel voor nauwe vriendschapsbanden. Maar bedenk ook dat loyaliteit en trouw soms niet gepast zijn: een hond kan onderdanig en angstig zijn om zelfs een wrede baas tevreden te stellen.

## De traditie van de HOND

*Fel, met de haren overeind, mijn dappere honden!*
*Zo snel dat ze de ziedende storm inhalen.*
Uit 'Manos', een gedicht van Ossian

De hond is een machtig beschermer. Keltische zaakwaarnemers hadden honden als lijfwacht en om hun rol als beschermer te eren, was het woord 'hond' een eretitel voor leiders en krijgslieden, helden en zegevierders. Zij kregen vaak de naam Cù voor hun naam, zoals Cu-Uladh en Cu-Chulainn. Soms werden zelfs koningen op deze wijze geëerd, zoals de Britse koningen Cunoglasus (Getaande Hond) en Culnobelinn (Hond van de god Beli).

In Ierland bestaan verhalen over hondenstammen – mannen met hondenkoppen. Men zegt dat de bewoners van Connaught van hen afstammen. De *Concheannaich* (Hondenkoppen) was een andere stam, die leefde te Moygonihy, Kerry.

### HOEDER VAN DE MYSTERIËN

De hond bewaakt niet alleen mensenlevens en vee, maar ook wegen en paden, kruispunten en doorgangen. Hier vangen we een glimp op van zijn rol als hoeder van de mysteriën van de onderwereld. De Engelse folklore staat bol van de verhalen over de Zwarte Hond, een spookhond als voorbode van de dood die de ronde doet over de netwerken der oude paden en wegen en andere overgangsplaatsen. De dood is een moment van overgang tussen twee plaatsen en op dit soort drempels staat de hond als hoeder en beschermer.

Net zoals een hond zijn baas zal beschermen in deze fysieke werkelijkheid, zo beschermt en begeleidt de hond in de andere wereld de zielen der doden. Daarom namen Kelten vaak beeldjes van honden mee in hun graf en gingen lievelingshonden met hun baas mee het graf in. Later verschenen met hetzelfde doel ook afbeeldingen van honden op grafstenen. Zoals een trouwe hond een blinde langs de obstakels en gevaren in de materiële wereld kan loodsen, zo kan de hond als onze geestelijke bondgenoot ons veilig door de Andere Wereld leiden.

De trouw van de hond biedt ons een model van dienstbaarheid en verering dat vrij is van de complexiteit en tweeslachtigheid die menselijke relaties kenmerken. Het contrast tussen de onschuld en onbaatzuchtigheid van de trouwe hond en de last van de schuld die wij met ons meedragen door ons menselijk denkvermogen en onze gevoelens, komt prachtig naar voren in het Welshe verhaal over prins Llywelyn en zijn hond Gelert. Op een dag moest de prins een strooptocht aanvoeren en hij liet Gelert de wacht houden over zijn zoontje, dat in zijn tent lag te slapen. Toen hij terugkeerde was zijn tent ingestort en Gelert zat ernaast, onder het bloed. In woede en wanhoop doorstak hij met zijn zwaard de hond en hoorde toen pas het gehuil van zijn zoontje dat levend en wel onder de tent lag, naast het lijk van een geweldige wolf, gedood door de trouwe Gelert.

## HONDEN EN HELDEN

Veel helden hadden een hond als metgezel. Koning Arthurs hond heette Caball en de Ierse god-held Lugh had een magische hond die onverslaanbaar was in de strijd en die bronwater in wijn kon veranderen. Toen Tristan verbannen was in het bos en gescheiden van zijn geliefde Isolde, hield zijn trouwe hond Houdain hem in leven door wild te vangen.

Het leven van de grote held uit Ulster, Cu-Chulainn, is nauw verbonden met de hond als totemdier. Als jongen kwam hij ooit te laat aan voor een viering bij Chulainn de Smid. De poorten waren dicht en de woeste smidhond bewaakte de ingang. De hond sprong op hem af, maar hij greep het dier bij zijn nekvel en smeet hem tegen een pilaar. Chulainn was diep geschokt door het verlies van zijn hond, maar de jongen beloofde een puppy op te voeden en zelf als waakhond te dienen, totdat de hond volgroeid was. Hij groeide op tot een machtig strijder en de druïde Cathbad noemde hem de Hond van Chulainn. Ook heette hij de 'Hond van Heldere Daden', de 'Hond van de Zoete Tucht' en de 'Hond van Ulster'. Hij ging ten onder toen drie oude heksen hem overhaalden hondenvlees te eten dat ze aan het roosteren waren aan takken van de lijsterbes. Hij verbrak daarmee zijn verplichting nooit het vlees van zijn totemdier te eten en daarna was het snel gedaan met zijn kracht en kon Lugaid, de zoon van Cu Roi macDaire, hem overmeesteren.

Een andere grote held, Fionn mac Cumhaill, was omgeven door honden die ooit mens waren geweest. Zijn tante Turen was in een hond omgetoverd door een fee en zijn twee eigen honden, Bran en Sceolang, waren ooit zijn neven geweest. De legendarische heldendaden van Bran, verteld in de Ierse Fionn-verhalencyclus en de Schotse verhalen van Fingal, maakten van Fionn een honden-held.

De relatie tussen honden en water is heel oud. Veel godinnen van de Kelten en druïden zijn afgebeeld met honden als gezel. Meren, plassen en de zee werden gezien als doorgangen naar de Andere Wereld en als hoeders en gidsen van deze streken liet men in afbeeldingen de honden vaak de zee of een meer inlopen. Hierdoor gaat de hond de magische Andere Wereld binnen, waar alles wordt vernieuwd en genezen en waar we onsterfelijkheid vinden.

# UIL
## Cailleach-oidhche

onthechting, wijsheid, verandering

De kaart laat een geelbruine uil zien in een eikenboom, bedekt met klimop. De volle maan schijnt door de kale wintertakken. Aan de boom hangen gelofteoffers voor de Cailleach (het oude vrouwtje of de heksgodin): een Keltisch hoofd en de spiraal van dood en wedergeboorte.

**Cailleach-oidhche** leert ons hoe we een nadeel kunnen omzetten in een voordeel. De meeste vogels kunnen niet jagen in het donker, maar de uil heeft zo'n scherp gehoor dat hij zich ook 's nachts op zijn argeloze prooi stort. De schemering wordt wel uilenlicht genoemd, en een rustige wandeling in het bos in deze schemertijd is een uitstekende manier om gevoeligheid te ontwikkelen voor de Andere Wereld en de innerlijke ziel van de natuur. Misschien wil je iets esoterisch of helderziendheid bestuderen. De uil kan je daar als bondgenoot bij helpen.

**Omgekeerd** kan deze kaart je vertellen dat je je misschien te veel uit de wereld terugtrekt. Het is goed om onthecht en scherpzinnig te zijn, maar het kan ook een verdedigingsmechanisme worden tegen volledig leven met alle kwetsbaarheid die daarbij komt kijken. Misschien is er niet zo'n noodzaak voor geheimhouding of terughoudendheid. De uil kan wijzen op een periode van verandering, initiatie of een nieuw begin. Hij kan de dood van iets betekenen, maar ook de geboorte van iets anders. Zoals ze in Sussex altijden zeggen: 'Als de uil 's nachts roept, wordt het de volgende dag mooi weer.' Als je een mooie ochtend verwacht, zal die ook zeker komen.

## De traditie van de UIL

> Oud ben ik als de oude eik
> met wortels wijd onder het tapijt van mos,
> menig volk trok mij voorbij
> en nog ben ik de eenzame uil van Srona.
> *Domhnull Mac Fhionnlaidh*

Tot het begin van de achttiende eeuw waren er in Schotland scholen voor barden. Een verzameling gedichten van Maclean Sinclair, *De Gaelic Bards from 1411 to 1715*, bevat het gedicht 'De jager en de uil', waaruit hierboven is geciteerd.

De gedachte dat de uil oud is, dat 'menig volk mij voorbijtrok', komt ook terug in de Welshe traditie. In het verhaal *Culhwch en Olwen*, het oudste verhaal waarin koning Arthur en zijn ridders voorkomen, gaat Gwrhyr, de uitlegger van tongen, een man die de taal van dieren en vogels kan spreken, op reis met drie anderen om de oudste dieren te zoeken om zo aanwijzingen te vinden om de goddelijke jongeling Mabon op te sporen.

Ze komen eerst bij de merel die hen naar een ouder dier verwijst, de reebok. De reebok leidt hen naar een nog ouder dier, de Uil van Cawlwyd. Gwrhyr spreekt tot de uil en zegt: 'Wij zijn gezanten van koning Arthur. We zijn naar u gekomen omdat we geen dier kennen dat ouder is dan u. Wat kunt u vertellen over Mabon?' De uil antwoordt: 'Van Mabon weet ik niets, maar ik zal jullie tot gids zijn en leiden naar een dier dat God maakte voor ik bestond.' Daarop leidt de uil het gezelschap naar de Adelaar van Gwernaby, die hen vervolgens naar het alleroudste dier brengt: de zalm. Deze neemt hen mee naar het kasteel waar Mabon gevangenzit.

### DE VOGEL VAN WIJSHEID

Dit verhaal laat de uil zien als een van de vijf totemdieren die centraal staan in de Britse traditie. Het gezelschap van Arthur ontmoet eerst de merel Druidh Dubh en komt steeds dichter bij de bron van wijsheid, de zalm. De zalm zwemt als vis in de Rivier van het Leven, de Oceaan van Zijn. Zijn wijsheid komt voort uit intieme deelname aan het leven. De uil staat voor een ander soort wijsheid die voortkomt uit onthechting en objectiviteit. Als de Wijze in de Tarot wacht de uil af – in vervallen kastelen, in kerktorens, in schuren, in klimop. De uil kan zich uitstekend aan het zicht onttrekken en houdt van de nacht en is het dier dat esoterische wijsheid en geheimhouding symboliseert.

Omdat de uil gewijd is aan de godin in haar aspect van oud vrouwtje, is een van zijn vele Keltische namen *Cailleach-oidhche* (Oud vrouwtje van de nacht). De kerkuil heet *Cailleach-oidhche gheal* (Witte oude vrouw van de nacht). De Cailleach is de godin van de dood en vaak zag men in de roep van de uil een voorteken dat iemand zou sterven. De uil was de vogel die de ziel roept, vangt of meeneemt. Uit Bern, Zwitserland, komt het geloof dat het krassen van de uil de geboorte van een kind of de dood van een man voorspelt, wat verwijst naar de uil als vogel van de godin die het leven geeft en neemt.

Kennis van een op handen zijnde dood of geboorte maakt van een uil een voorspeller van de toekomst en de uil is dan ook het totemdier van helderziendheid en astrale reizen. Met de uil als bondgenoot kun je een gat maken in de sluiers rond de normale grenzen van ruimte en tijd.

## HET GEHEIME GELOOF

De Kerk maakte later alles wat gewijd was aan de godin en het 'geheime geloof' zwart en plakte er het stempel 'boosaardig' op in een poging de mensen van hun oude gewoonten af te brengen en te bekeren. Dit proces is goed te zien in de folklore rond de uil. Deze vogel was oorspronkelijk het symbool van wijsheid en scherpzinnigheid, maar veranderde geleidelijk in een slecht voorteken. Boeren spijkerden hun lijken vast aan schuren en muren, in Engeland kreeg de nachtzwaluw (daar 'varenuil' geheten) als bijnaam 'Puck' of 'Puckvogel', waarbij Puck – kwelduivel – een oud woord voor de duivel zelf is. Uilen waren 'agenten van het zwarte land'. Uiteindelijk zag men een uil steeds meer als een transformatie van een dienaar van de tien koningen van de hel.

In het verhaal *Math, Zoon van Mathonwy* uit de Welshe *Mabinogion* speelt de uil een hoofdrol. Omdat het in de twaalfde of dertiende eeuw vanuit mondelinge overlevering zijn geschreven vorm kreeg, is het heel moeilijk om de voorchristelijke en de christelijke invloeden van elkaar te scheiden.

Ook hier is de uil een ongeluksvogel. Arianrhod, de moeder van Lleu Llaw

Gyffes (de Stralende met de handige hand) zweert dat Lleu nooit een menselijke bruid zal huwen. Begerig naar een partner maken Lleu en de tovenaar Gwydion uit de bloemen van een eik, brem en moerasspiraea een vrouw, Blodeuwedd geheten. Maar Blodeuwedd wordt verliefd op een jager en samen proberen ze Lleu te vermoorden. Deze ontsnapt in de gedaante van een adelaar. Uiteindelijk vindt Gwydion de adelaar, tikt hem aan met zijn staf en maakt hem weer menselijk. Dan gaat hij op jacht naar Blodeuwedd. Hij doodt haar niet, maar verandert haar in een uil en zegt: 'En omwille van alle oneer die gij Lleu Llaw Gyffes hebt aangedaan zult gij uw gelaat nimmer meer aan het daglicht durven tonen. In onmin zult ge leven met alle vogels die u alle zullen vrezen. Het zal in hun aard liggen u te belagen en molesteren, waar ze u ook maar aantreffen. En uw naam zult ge niet verliezen, want Blodeuwedd zult ge heten, voor altijd.'

De uil is een eenling onder de vogels. Ze staat op de drempel van de Andere Wereld en herinnert ons aan de alomtegenwoordigheid van de dood. Maar dood is ook de grote initiator. Als de uil ons vanuit de boomtoppen roept, kunnen we wellicht vanuit het diepst van ons zijn tot het besef komen dat dood in werkelijkheid een begin aanduidt en niet een einde.

# KAT
## Cat

bewaking, onthechting, sensualiteit

De kaart laat een wilde kat zien in de Schotse Hooglanden. Op de voorgrond zien we geelgebloemde kattenoog en de kattenvoet (hondsdraf) met roze bloemen. Kattenklaver (navelkruid) groeit naast de staart van de kat.

**Kat** brengt ons het vermogen situaties rustig in ogenschouw te nemen zonder meteen een besluit te nemen. Een kat lijkt te slapen, maar kan uren luisteren en stilzitten, om dan zeker en beslist te handelen. In Engeland zeggen ze: 'Een kat mag naar een koning kijken.' Je hebt het recht om voor jezelf en op jouw tijd belangrijke besluiten te overwegen.

De kat paart bewustzijn van de geesteswereld aan een hoog ontwikkeld gevoel voor sensualiteit. Dit zijn geen tegengestelde eigenschappen, zoals dualistisch georiënteerde spirituele leringen ons doen geloven, maar eigenschappen die beide facetten zijn van een continuüm van bewustzijn en sensualiteit. Werken aan heelwording betekent dat we onze waardering in zowel de materiële als de immateriële wereld in het proces versterken.

**Omgekeerd** kan deze kaart erop duiden dat je moet oppassen geen kachelkat of 'askat' te worden, een oude benaming voor de kat die bij het vuur ligt, te lui om zich ergens iets van aan te trekken. Een luie, op zichzelf gerichte sensualiteit in plaats van een sensualiteit die het zelf opent voor de magie van de materiële wereld, duidt er meestal op dat je de werkelijkheid wilt ontvluchten. De kat kan gemakkelijk in geestesvorm naar de Andere Wereld reizen, maar het is belangrijk dat je sterk geaard bent in de materiële dagelijkse werkelijkheid. Soms is het ongepast belangstelling te hebben voor het mysterieuze en occulte, vooral als deze belangstelling gebruikt wordt als een verdediging tegen de pijn en de problematiek van deze wereld.

## De traditie van de KAT

Op de dag van Brighid brengen de katten het kreupelhout naar huis.
*Traditioneel Schots gezegde*

In de druïdentraditie, zoals die voorkomt in de folklore van Ierland, Wales en Bretagne, zijn zowel de huiskat als de wilde kat gewijd aan de godin. In Schotland is de band bijzonder sterk en de Schotse Hooglanden is thans de enige plaats waar de wilde kat nog voorkomt. Een aantal Schotse clans had de kat als totemdier: de huiskat bij de MacIntosh, MacNeishe en MacNicol, de wilde kat bij MacBain. Het kattenvolk, een Pictische stam, Kati genaamd, leefde in Caithness, de 'ness' of het voorgebergte van de katten. Sutherland heet in het Gaelic *Cataogh*, kattenland.

In Ierland en ongetwijfeld in de hele Keltische wereld, gebruikten krijgslieden het vel van de wilde kat. Een oude Ierse bard spreekt van Talc, zoon van Trone, die de kattenleider wordt genoemd, omdat hij een gevechtstenue droeg met het bont van een wilde kat, de kop aan zijn helm. Het Ierse *Gele Boek van Lecan* beschrijft krijgers met kattenhoofden, onder wie een Keltisch kampioen, en een van de Ierse koningen heette *Cairbar cinn chait*, Carbar van de kattenkop.

### DE KAT ALS 'ONHEILIG'

Hoewel krijgers de kat, net als het everzwijn, de raaf en de beer, gebruikten om de wrekende en beschermende kracht der goden op te roepen, was de kat vrouwelijk en gewijd aan de godin. Daarom treffen we in folklore en traditie zowel positieve als negatieve attributen aan. Als dier van de godin dat in nauw contact stond met de geesteswereld, was de kat het slachtoffer van uitzonderlijke wreedheid en vervolging. Haar vermogen om in de geesteswereld te zien en te werken, maakte de kat tot een ideale bondgenoot voor elke sjamaan of tovenaar. De angst van de Kerk voor deze krachten leidde ertoe dat in Frankrijk en Engeland duizenden katten zijn gemarteld en gedood door ze in manden te verbranden.

Helaas beperkte het verbranden van katten zich niet tot het christelijk tijdperk. In Schotland bestond een oude Keltische manier om inlichtingen te krijgen uit een kat, *Taghairm* genaamd. Dit hield in dat men een kat aan het spit roosterde totdat andere katten de vereiste informatie gaven om hun soortgenoot te redden, of tot Grootoor, de koning van de *Cath Sith* (de Toverkatten), zou verschijnen om de antwoorden te geven. Aangezien verhalen over dit gebruik pas tijdens het christendom opkwamen, kan dit verhaal apocrief zijn.

De kat was een wezen van de godin en daarom vaak 'onheilig'. Een Iers gezegde luidt: 'God behoede allen, behalve de kat.' Het bracht ongeluk een kat als eerste dier in het jaar te zien, tenzij je een MacIntosh was of iemand van de Cattan clan (hun opperhoofd heette De Grote Kat) en ook vandaag nog brengt een zwarte kat op het pad ongeluk. Maar de kat is ook het 'poesje', een veelgebruikte uitdrukking voor de vulva, de plaats van oorsprong of van de godin, van sensualiteit en mysterie. Een 'slanke zwarte kat op een stoel van oud zilver' gaf in een kattenorakel te Clough, Connaught, advies aan wie om raad kwam en drie katten, omschreven als 'druïdendieren', kwamen uit de grotopening van Cruachan, de ingang naar de onderwereld.

### 'BRIGHIDS KAT AT HET SPEK'
*Traditioneel Iers*

De godin Brighid staat in Ierland bekend als 'de dochter van de beer' en had altijd een kat bij zich. In Wales komt de kat voor in een geduchtere rol: de godin Ceridwen baart in haar hoedanigheid van de grote zeug Henwen een wolf, een adelaar, een bij en een kat. Ongelukkigerwijze groeit de laatste uit tot de Palug Cat – een van de drie plagen van Angledey. Pas na een lange strijd slagen koning Arthur en Kai erin deze kat te doden.

Ook het Ierse *De reis van Maelduin*, een van de vier *immrama*, spirituele en mystieke reisverhalen, laat de felheid van de kat en haar rol als bewaker zien. In dit verhaal leert de druïde Nuca Maelduin hoe hij een magische boot kan maken, waarmee hij de moord op zijn vader kan wreken. Hij bereikt met zijn gezellen bijna het eiland van de moordenaars, maar de wind blaast hen zeewaarts en ze zwerven drie dagen en drie nachten rond. Dan komen ze aan bij een archipel waar veel dieren over de eilanden regeren. Het eerste eiland is het Eiland van de Reuzenmieren, het tweede het Eiland der Vele Vogels enzovoort, tot ze aankomen bij het tiende eiland, het Eiland van de Kat. Daar ontdekken ze een 'statig vertrek, geschikt voor een koning'. Eten en drinken is ruim voorradig en er staan zachte bedden en gouden banken voor hen klaar om op te rusten. In dit grote vertrek liggen schatten als zilveren broches, goudgeveste zwaarden en wijde halsbanden. Maar de enige die aanwezig is, is een 'snelle, hongerige kat, gezeten op een pilaar'. Tegen de wens van Maelduin in, probeert zijn stiefbroer een gouden halsketting te stelen, maar de 'vurige poot van de wonderbaarlijke kat' schiet uit en het lichaam van de dief is een hoopje as. Hier is de kat de bewaker van de schatten van de Andere Wereld.

De kat leert ons respectvol en voorzichtig te zijn. Ze is sensueel en zal onze aandacht alleen op haar voorwaarden accepteren. Ze is trots, onafhankelijk en in staat zowel deze wereld als de volgende te zien. Overal in Groot-Brittannië heeft men mysterieuze 'grote katten' gezien. Sommigen denken dat ze uit dierentuinen zijn ontsnapt, anderen dat het de *Cath Sith* zijn, de katten uit het feeënrijk, die zich even laten zien om ons eraan te herinneren dat er een Andere Wereld bestaat.

# KRAANVOGEL
## Corr

geheime kennis, geduld, eeuwig leven

De kaart laat een kraanvogel zien die in een plas aan het vissen is. De poten zijn gekruist en geven zo de Ogham-letter *Muinn* weer. De kraanvogel staart in het water en wacht geduldig op een teken van een vis. Achter de plas is de grotingang naar de Andere Wereld en aan de avondhemel komt de volle maan op. Op de voorgrond groeien bittere wikken (*Cairmeal* uit *Corr*) en het ooievaarsbekje.

**Corr** brengt geduld en doorzettingsvermogen. De kraanvogel kan uren achtereen in het water turen tot het tijd is om toe te slaan. De kraanvogel belichaamt behalve geduld ook het vermogen zich ergens aandachtig op te richten en zich ongestoord te concentreren. Deze vogel brengt het vermogen anderen naar de onderwereld te begeleiden, hen te helpen in hun tijd van overgang of op hun reis naar de innerlijke wereld. De kraanvogel symboliseert niet alleen het vermogen om in de 'onderwereld' te werken, maar staat ook voor occulte wetenschap of geheime kennis, in de druïdentraditie vertegenwoordigd in het Ogham-alfabet, de bomentaal der druïden. Als je deze taal leert, kun je in de diepste betekenis van het woord het 'Boek van de Natuur' lezen.

**Omgekeerd**: de kraanvogel kan uren in zijn eentje blijven staan kijken, geduldig wachtend. Maar hij kan ook naar zijn soortgenoten gaan om in formatie te vliegen of samen te dansen. Wellicht is het goed de juiste balans te leren tussen alleen zijn en met anderen werken. Als je te veel alleen bent, kan dit gevoelens van isolatie en afgescheidenheid geven. Maar als je geen tijd voor jezelf hebt, ontwijk je wellicht zelfkennis en het ongemakkelijke gevoel van eenzaamheid. Bekijk je eigen leven eens. Geef je jezelf genoeg tijd voor beide ervaringen? De 'schaduwkant' van de kraanvogel uit zich in wrang, streng en boosaardig gedrag en een knagend, zeurderig gevoel. Als je merkt dat dit soort gedrag af en toe bij je naar buiten komt, kijk dan of je de diepere lagen van de kraanvogel kunt ervaren, waarin de vogel een dier van de godin als oud vrouwtje of wijze vrouw is. Vraag jezelf af in hoeverre je de wijze vrouw in jezelf toelaat, die weet heeft van dood en onderwereld en in hoeverre je negatieve gedrag een weerspiegeling is van deze ontkenning.

## De traditie van de KRAANVOGEL

*De schone Conaire sliep naast Tara van de vlakten. Toen de goed geschapen en vaardige man ontwaakte, vond hij de kraanvogelzak om zijn nek.*
*Uit de Fionn-verhalencyclus*

Op het eiland Inis-Kea, voor de kust van het graafschap Mayo, leeft een eenzame kraanvogel. Hij leeft daar vanaf het begin van de wereld en zal er blijven wonen tot het einde van de wereld. Deze oude vogel staat in de Ierse verhalen bekend als 'degene van de wonderen' en is het symbool geworden van eeuwig leven.

De kraanvogel, of reiger, is een van de vier meestgenoemde vogels in de oude Britse en Ierse overlevering. De andere drie zijn de raaf, de zwaan en de adelaar. Aangezien de kraanvogel heilig was, was het verboden zijn vlees te eten, al gaf men dit verbod later op en gold het vlees als een delicatesse. Men zegt dat de kraanvogel een der eerste vogels is om de morgenstond te begroeten en het vermogen heeft regen en storm te voorspellen.

### HET BOMENALFABET

De kraanvogel is verbonden met wijsheid via de zonsopkomst en daarmee het Oosten, de plaats van kennis, maar ook via Ogham, het bomenalfabet van de druïden. De mensheid kreeg Ogham van Ogma Zongezicht, die het oorspronkelijk alleen voor geleerden bestemde. Later kwamen er meer Oghamtekens bij. De schrijvers van Griekse mythologieën schrijven deze toe aan Palamedes, die zijn inspiratie zou hebben ontleend aan een vlucht kraanvogels 'die letters maken als ze vliegen'. Aangezien alleen de druïden dit alfabet kenden, kreeg de uitdrukking 'kraanvogelkennis' de betekenis van kennis van Ogham in het bijzonder en geheime kennis in het algemeen. Toen de druïden plaatsmaakten voor het christendom, kwam de uitdrukking 'kraanvogel-geestelijke' op voor een hoog niveau van kennis bij sommige priesters, zoals Columbia van Iona.

Een vroege Ierse tekst vertelt ons dat de zeegod Manannan een zak bezat, gemaakt van de huid van een kraanvogel. Hierin droeg hij zijn eigen hemd, gemaakt van een flard walvisrug, de schaar van de koning van Schotland, de helm van de koning van Lochlain, de botten van het zwijn van Assail en de smidshaak van Goibne. Er zijn mensen die zeggen dat deze zak de medicijnzak van de druïde werd, waarin deze zijn Koelbren-stokjes, de Ogham-stokjes voor waarzeggerij, bewaarde. De kraanvogelzak is een krachtig symbool voor de baarmoeder of placenta, een symboliek die nog versterkt wordt door de wetenschap dat de kraanvogel een vogel van de godin was. Kraanvogels komen vaak gedrieën voor. In het Ierse *Boek van Leinster* heeft Midhir, een god van de Tuatha De Danann, drie kraanvogels die zijn kasteel bewaken. Deze vogels hadden het magische vermogen elke aanvaller te beroven van zijn wil om te vechten. Drie kraanvogels bewaakten de ingang van *Annwn*, de onderwereld. In tekeningen uit Gallië staan drie kraanvogels op de rug van een stier. Al deze kraanvogels symboliseren waarschijnlijk de drievoudige godin: de drie muzen, de drie schikgodinnen, de zusters van Wyrd:

## GROOTMOEDER KRAANVOGEL

Het Ierse verhaal 'De heks van de tempel' versterkt de relatie tussen de kraanvogel en de stier. De vier zonen van de heks zijn omgetoverd in kraanvogels en kunnen pas weer mens worden door hen te besprenkelen met het bloed van een betoverde stier. In andere verhalen is de kraanvogel een symbool voor het donkere aspect van de godin en – als de raaf – een vogel waar men bang voor is, een voorbode voor de dood of ongeluk. Vanwege zijn roep, rauw en krassend als een sarrende, scheldende heks, werd de vogel geassocieerd met gemene vrouwen die men liever mijdt. Dit is de associatie met de Cailleach, het oude besje of de heks. Een vriendelijkere presentatie van dit aspect komt naar voren in het Ierse verhaal dat vertelt hoe Fionn als kind van de rots viel. Zijn grootmoeder redde hem door in een kraanvogel te veranderen en zijn val te breken.

Als vogel van de Cailleach is de kraanvogel een oude vogel en daarmee een vogel die staat voor een lange levensduur en ook een gids voor de onderwereld na de dood. Deze symboliek komt zowel in het Oosten als in het Westen voor. In kerken vindt men afbeeldingen van kraanvogels die de ziel uit stervende mensen zuigt om deze veilig weg te voeren en in China vloog de ziel van de dode op de rug van een kraanvogel naar de 'Hemel in het Westen' – in de traditie van Kelten en druïden zou men de ziel naar de 'Eilanden van het Westen' brengen.

Kraanvogels dansen in cirkels. De ouden associeerden deze cirkeldans zowel met de beweging van de zon als met de rol van de kraanvogel als gids in de onderwereld. Daar brachten ze de zielen uit hun incarnatie weer naar de geboorte (in hun gedaante als ooievaar). In China, Griekenland en Siberië kent men rituele kraanvogeldansen en wellicht dansten de druïdensjamanen deze ook. Het basisthema van de dans was – heel typerend – negen passen en een sprong en de dansers symboliseerden de reis van de ziel door heen en weer te gaan in het patroon van een web of labyrint.

# KIKKER
## Losgann

gevoeligheid, medicijn, verborgen schoonheid en kracht

De kaart laat een gewone kikker zien die uit een plas met kikkerdril kruipt. Kikkerdril wordt beschouwd als een krachtig medicijn. Rechts groeit *muileag* – kikkerbes, nu bekend als vossebes of cranberry – en kikkerspoel of orchidee. Rechts onder de neerhangende wilgenbladeren groeien paddestoelen, ooit kikkerstoelen geheten.

**Losgann** verbindt de elementen water en aarde en is met zijn gekwaak en gespring de brenger van pret, vreugde en heling. Hij brengt je naar de heilige bron waarin je je kunt verfrissen en vernieuwen. Als koudbloedige, die deels op het land en deels in het water leeft, heeft de kikker een ongelooflijk gevoelige huid, die volgens sjamanen magisch was. Als gezel van de regengeesten kan de kikker je helpen gevoeliger te worden voor anderen, te helen en via je hele lichaam en aura klank voort te brengen.

Niets is wat het lijkt te zijn en het leven is leuker dan je oorspronkelijk dacht. Schoonheid en kracht zijn verborgen in heel de natuur en als je jezelf hiervoor openstelt, kun je de verbintenis voelen met de godin, met het water én de aarde. Zoek de schoonheid en magie áchter de verschijnselen.

**Omgekeerd** wijst deze kaart erop dat je leert hoe je moet omgaan met moeilijke omstandigheden. Het kan zijn dat de kikker die je draagt een prins is. De omstandigheden die je verkoos te accepteren – hoe onaantrekkelijk of moeilijk ze eerst ook leken – kunnen je een rijke oogst opleveren. Bedenk dat de kikker een geneesmiddel brengt en dat brengt heling.

## De traditie van de KIKKER

Waar water is, is niet altijd een kikker, maar waar een kikker is,
is altijd water.
*Traditioneel*

Water was heilig voor de druïden en elke rivier of bron, elk stroompje had een eigen geest of godheid. De geesten van rivieren en meren kregen offeranden van hout, zilver, goud en brons. De Romeinen verkochten de inhoud van de meren in Keltische streken bij opbod aan toeschouwers en veroverden daarna pas het land rond deze meren. Zowel de kikker als zijn verwant, de pad, treft men aan bij waterbronnen. Vaak zag men ze als gezanten van watergeesten, daar hun bevruchting in het water geschiedt en ze het water blijven bezoeken als ze volgroeid zijn. Men zei dat bij een oude geneeskrachtige bron te Acton Barnett in Shropshire de geest van de bron verscheen als drie kikkers. De grootste diende men aan te spreken als de donkere god. Hij was donker omdat kikker en pad wezens waren die contact hadden met de onderwereld. Daarom verbond het volksgeloof hen met hekserij en de vervaardiging van toverbrouwsels. Een kikker of een pad was vaak de beschermgeest van de heks die haar kwakend waarschuwde voor onraad en de pad zou een gebruikelijk ingrediënt van heksendrankjes zijn.

Beide associaties verwijzen naar diepere waarheden. Als beschermgeest van de heks of ovaat (het equivalent als heler en ziener bij de druïden) is de kikker een bondgenoot die de zegeningen van de watergeest brengt – de genezende zegen van regen en reiniging. De kikker brengt ook zijn eigen geneesmiddel en werd gezien als de helende boodschapper van de moedergodin. As van de kikker stopte bloedingen, kikkerdril was een geneesmiddel tegen reuma en oprispingen. Als iemand eerst een kikkeroog likte en daarna een zeer oog, zou het zere oog herstellen.

De kikker en de pad waren vroeger dus bepaald geen giftige ingrediënten van heksenbrouwsels, maar schonken heling op een subtiele manier door hun relatie met de watergeesten, en op een tastbare manier door middel van hun fysieke eigenschappen.

De relatie met de moedergodin zien we ook terug in de overlevering volgens welke een kikker in het melkhuis geluk brengt. De kikker bewaakt de melkbussen en melk heeft van nature een associatie met de godin. Het beeld van de Keltische godin Luxuria laat nog een ander verband met melk zien. Ze wordt afgebeeld met een vos tussen haar benen en een pad aan elke borst.

### DE KIKKERPRINS

De kikker-als-edelman is een thema dat van de vroegste tijden tot de dag van vandaag als een rode draad door verhalen loopt. In de vroegste verhalen was de kikker of pad in werkelijkheid een prins. Op de eilanden ten westen van Schotland vertelt men het verhaal van een koningin die ziek was en slechts beter kon worden door een dronk uit de 'bron van het ware water'. Elk der drie dochters van de koningin trekt eropuit om deze drank te halen, maar steeds verschijnt een afschuwelijke *losgann* die hen de toegang tot de bron weigert, tenzij ze beloven met hem te trouwen. De jongste dochter stemt toe en kan zo haar moeder genezen. Diezelfde nacht komt de kikker aan haar deur en zegt: 'Zachtmoedige, zachtmoedige, gedenk die kleine belofte die je me bij de bron gaf, mijn liefste, mijn liefste.' Het meisje laat de kikker binnen, zet hem naast de deur en gaat weer slapen. Maar de kikker blijft zijn vraag stellen en ze zet een beker over hem heen. De kikker blijft doorkwaken en dan maakt ze voor hem een bed bij de open haard. Ook dat helpt niet, dus schuift ze zijn bed naast het hare. Hij blijft klagen, maar de prinses weigert te luisteren. Uiteindelijk zegt de kikker: 'Je kunt maar beter een einde aan mijn marteling maken door mijn hoofd eraf te hakken.' De prinses gehoorzaamt en op hetzelfde moment wordt de kikker een knappe jongeman. Ze trouwen en na verloop van tijd wordt de kikkerprins koning.

Uit Bretagne komt een soortgelijk verhaal met dezelfde basiselementen van een kikker en een bron, de jongste dochter die belooft het afschuwelijke schepsel te huwen, dat vervolgens verandert in een knappe prins. Beide verhalen laten zien hoe rijk de beloning is als je een offer brengt uit liefde en het verlangen te helen. Beide verhalen versterken ook de band tussen de kikker en de godin door te verhalen van de heling van een moeder-koningin en haar drie dochters.

### DE STEEN VAN MACHT

De kikker of pad met een innerlijk geheim bezit een machtig voorwerp, een donkergrijze of lichtbruine steen die volgens de overlevering te vinden is in de koppen van de zeer oude kikkers of padden. Dit mythologische voorwerp is bekend onder vele namen, zoals Crepandia, Borax, Stelon en Bufoniet. Ook adders, otters en vossen zijn dragers van zulke geheime en onzichtbare, machtige voorwerpen. De otter en de vos dragen magische parels, de adder een slangensteen. De pad of kikker draagt op hoge leeftijd de magische steen in het hoofd. Op een bepaald niveau laat dit de overgang van het dierenrijk naar het rijk der mineralen zien – het voorbijgaande leven van het dier wordt eeuwig vastgelegd in een steen. Door zo'n steen te dragen en op magische wijze te gebruiken, kan de druïde of sjamaan contact leggen met zijn bondgenoot, de dierengeest.

# RAAF
## Bran

heling, initiatie, bescherming

De kaart laat een raaf zien, hoog gezeten op de kale wintertakken van een beukenboom aan de voet van een oude grafheuvel. Dit is de Witte Heuvel, waarin het hoofd begraven ligt van Bran de Gezegende, en waar later de Tower of London verrees.

**Bran** biedt initiatie, bescherming en de gave van profetie. Die initiatie kan het formele ondergaan van een initiatieceremonie zijn, maar ook de informele initiatie in de mysteriën van een nieuwe baan of betrekking. Het geeft de dood van het ene en het begin van het andere aan. De kracht van de raaf kan je ook de diepste vorm van heling brengen. Deze vorm wordt bereikt door het 'oplossen van de tegenstellingen' en geeft je de mogelijkheid conflicten op te lossen die al lange tijd begraven lagen in je onderbewustzijn of je verleden.

**Omgekeerd** wijst deze kaart erop dat het goed is je meer bewust te worden van de vernietigende krachten in je leven en in de wereld. Hoezeer we ook willen dat vernietiging zich niet voordoet, we weten ook dat zonder afbraak geen opbouw en vernieuwing mogelijk is. De raaf spreekt over kennis van de donkere en moeilijke aspecten van het leven en is voor ons moeilijk te begrijpen. Soms moeten we in ons leven door een proces van schaduw en verval om te herrijzen in het grotere licht van de nieuwe morgen. Onze angst voor de duisternis is vaak groter dat wat we daar in werkelijkheid aantreffen. Het trekken van deze kaart kan inhouden dat we nu in het gerede kunnen geraken met onze neiging tot vernietiging – een woede die wellicht jarenlang begraven was – in de wetenschap dat we de bescherming van de godin hebben. Op een nog dieper niveau kan het betekenen dat we het conflict van de tegenstellingen kunnen oplossen in de ervaring dat in de duisternis licht is en in het licht duisternis.

## De traditie van de RAAF

*In de gedaante van een raaf vluchtte ik in profetische spraak.*
Taliesin

Tijdens de Tweede Wereldoorlog werd de Tower of London gebombardeerd. De raven die daar eeuwenlang hadden geleefd, vlogen weg. Winston Churchill, die in 1908 zijn initiatie in een Orde der Druïden had ontvangen, gaf meteen het bevel nieuwe jonge raven te halen uit Noord-Wales en de woeste hoogten van Noordwest-Schotland. En dat terwijl de oude verhalen bij eerste lezing de raaf afschilderen als een onheilsvogel die oorlog, dood en vernietiging met zich meedraagt. Om Churchills redenatie te begrijpen, moeten we het verhaal van Bran de Gezegende bekijken, waarin de bovenmenselijke Bran (wat 'Raaf' of 'Kraai' betekent) wil dat zijn hoofd wordt afgehakt en wordt begraven op de Witte Heuvel in Londen, met het gezicht richting Frankrijk. Zijn hoofd zou het koninkrijk beschermen zolang het daar begraven lag. Later verrees de Tower of London op de plaats van de Witte Heuvel en de totemkracht die het koninkrijk beschermde, ging van het begraven hoofd van de ravengod over op de levende raven in de Tower.

De raaf was niet alleen de totemvogel van Caer Llundain, Londen, maar ook van Lyons in Frankrijk. Beide steden waren gewijd aan de god Lugh of Lud [in Nederland bijvoorbeeld de stad Leiden – vert.]. Lugh wordt zelf eveneens geassocieerd met raven. Raven waarschuwden deze lichtgod toen bij de tweede slag van Magh Tuiredh zijn vijanden, de Fomori, eraan kwamen. Het Oudengelse epos *Beowulf* schildert de raaf als ochtendvogel van vreugde en licht die Beowulf aan de overwinning helpt. Volgens sommige verhalen veranderde Arthur na zijn dood in een raaf en in Somerset leidde dit tot de gewoonte om bij het zien van een raaf respectvol de hoed af te nemen.

Churchill was zich overduidelijk bewust van het belang van de raaf als een van de belangrijkste totemdieren van Engeland. Hij moet hebben geweten dat raven heilige vogels zijn die door hun aanwezigheid bescherming bieden. Ze waarschuwen de lichtkrachten bij naderend gevaar, zoals ze deden met Beowulf en Lugh. Ook boezemen ze de vijand angst in. Daarom gebruikten de Kelten de beeltenis van de raaf op hun wapenrusting. Het meest aansprekende voorbeeld hiervan is een in Roemenië gevonden gevechtshelm, waarop de grote gestalte van een raaf met scharnierende vleugels staat. De vleugels gingen wapperen als de krijger naar voren stormde en moeten de vijand angst hebben bezorgd, of op zijn minst hem hebben afgeleid op een moment van levensbelang.

'ZEER ZWART IS DE RAAF, SNEL DE PIJL UIT DE BOOG'
*Triaden*

Hoewel de Ierse oorlogsgodinnen de Badbh en de Morrigan volgens de overlevering op het slagveld verschenen als raven – angst en verderf zaaiend onder de krijgers – is hun totemvogel in een nauwkeurige vertaling niet de raaf, maar de bonte kraai. Deze kraai en zijn nauwe verwant de raaf zijn beide aaseters. Zij voelden zich aangetrokken tot het slagveld en door hun aanwezigheid daar droegen ze de boodschap uit dat in oorlog slechts de dood zelf overwint.

Als vogel van de godin in haar aspect van de dood, staat de kraai of raaf symbool voor de vernietigende krachten, voor afbraak, krachten die even noodzakelijk zijn voor het voortbestaan van het leven als de krachten van schepping en opbouw. Door onze angst voor moord en doodslag en door het samensmelten van de twee vogels, vertonen folklore en gebruiken rond de raaf een dubbelzinnige relatie met dit natuurlijke, doch pijnlijke aspect van het leven. Er zijn aanwijzingen dat de angst voor de raaf niet alleen voortkomt uit de associatie met de dood, maar ook uit die met de godin. Raaf-vrouwen komen veelvuldig voor in de Keltische literatuur en Arthur-verhalen, en de 'ravenkennis' van de druïden was duidelijk een geschenk van de godin aan de ovaten, de druïdenzieners die het vermogen hadden in toekomst en verleden te schouwen, voorbij de sluier des doods.

In Danebury, Hampshire, zijn raven gevonden die zijn begraven met uitgespreide vleugels, een duidelijk teken dat de raaf werd gezien als een vogel van de dood en de onderwereld. Deze rituele begraafplaatsen symboliseren de band tussen deze wereld en de onderwereld en de raaf was de boodschapper tussen beide werelden.

## DE RAAF ALS VOGEL VAN HEALING

De raaf kan van deze wereld naar de volgende reizen en staat daarmee ook symbool voor de kracht van heling, het soort heling dat ontstaat door een directe confrontatie met het onbewuste, met het verborgene, met de schaduw, de duistere en mogelijk vernietigende aspecten van de ziel. De associatie van de raaf met de dood wordt een associatie met de diepte en dus met dieptepsychologie en de transformatieve krachten van initiatie. Want het moment van initiatie markeert in meer of mindere mate de dood van het oude zelf en de wedergeboorte van een nieuw zelf.

Deze therapeutische gevoelswaarde verklaart waarom de raaf is afgebeeld op sommige Keltische helingsinstituten en in de Romeins-Keltische iconografie van goedgezinde godheden.

De relatie tussen de raaf en heling wordt nog sterker als we de raaf zien als een vogel van voorspelling en waarzeggerij, zaken die horen bij de kunst van het helen. De raaf kon naar de donkerste krochten van de onderwereld reizen, om terug te keren met visioenen en orakelende instructies voor de zoeker en de heler.

De raaf geldt al duizenden jaren als een orakel. De vroege Ierse druïden deden hun voorspellingen aan de hand van hun vlucht en gekras en nog in 1694 werd verslag gedaan van een raaf die tot driemaal toe een voorspelling uitsprak.

# ZWAAN
## Eala

ziel, liefde, schoonheid

De kaart laat een afbeelding zien van het Ierse verhaal *De Droom van Oenghus*. Op de voorgrond ligt het meer waar het beeldschone meisje Caer Ibormeith (Taxusbes) om het jaar rond de tijd van Samhuinn in een zwaan verandert. Om haar te winnen verandert Oenghus, de god van de liefde, ook in een zwaan en ze vliegen samen naar zijn huis, Brugh na Boinne. Dit heet nu Newgrange en is aan de horizon te zien. Taxusbes draagt een gouden ketting om haar nek, een gegeven dat in veel oude verhalen rond de zwaan terugkeert.

**Eala** brengt ons de kwaliteiten van de ziel, van liefde en diepte, van gratie en schoonheid. Door haar relatie met het druïdenfeest van Samhuinn is de zwaan ook een vogel van de drempel en vertegenwoordigt ze dat deel van ons dat kan reizen naar de Andere Wereld. Als je deze kaart trekt, wijst dat er misschien op dat je inspiratie zult ontvangen vanuit die Andere Wereld, of dat liefde je leven binnenkomt. Het is gunstig om deze kaart te trekken als je bezig bent een lied of gedicht te schrijven, want de huid en veren van de zwaan werden vanouds gebruikt voor de *tugen*, de ceremoniële mantel van de bard.

Omgekeerd kan deze kaart erop wijzen dat het tijd wordt vrede te hebben met een afscheid of scheiding. De oude verhalen over de zwaan laten zien dat scheiding van onze geliefden in werkelijkheid niet bestaat. Alleen de verandering van de ene vorm in de andere bestaat. Maar om onze reis in deze wereld voort te zetten, moeten we afscheid kunnen nemen van degenen van wie we verwijderd zijn, zelfs al weten we dat we uiteindelijk weer zullen samenkomen. Het gevoel van scheiding kan echter ook een meer innerlijk karakter hebben en Eala roept ons op ons dieper met de eigen ziel te verbinden.

## De traditie van de ZWAAN

*Witte Zwanen van de Woestenij, over vele landen zijn jullie gevlogen. Vertel me, zag je iets van Tir-na n'Og, waar iedereen jong blijft, of van Tir-na-Moe, waar alles wat mooi is het eeuwige leven heeft, of van Moy-Mell, honingzoet van bloesem?*

Uit 'De Kinderen van Lir', naverteld door Ella Young

Tir-na n'Og was de naam voor het Land van de Eeuwige Jeugd in de Andere Wereld. De Witte Zwanen van de Woestenij waren vier kinderen van de Tuatha De Danann, een van de eerste volkeren die Ierland bevolkten. Ze kwamen van de noordelijke Griekse eilanden. Een invasie van de bewoners van Milesië verdreef hen en ze werden het feeënvolk – de *Sidhe* – dat onder de grond leeft in de Holle Heuvels. Hoewel het volk van de Dananns mythologisch is, zijn geschiedenis en mythologie hier met elkaar verweven. Er zijn sporen van handel en reizen tussen het oude Griekenland en de Britse eilanden. Dit kan een verklaring zijn voor de toepassing van de wiskunde van Pythagoras bij de oude steencirkels en voor de vele overeenkomsten in de Keltische en Griekse mythologie en filosofie.

In de Griekse mythologie was de zwaan de vogel van Apollo, vaak afgebeeld zingend bij de lier. De associatie met gratie, schoonheid en het vrouwelijke was zo sterk dat de zwaan ook in de Keltische traditie steeds met liederen is verbonden. We kennen nog steeds de 'zwanenzang', het laatste optreden, kunstwerk of gebaar kort voordat iemand sterft. Misschien dat de uitdrukking verwijst naar de zwaan die de menselijke ziel in de Andere Wereld voorstelt. Met de raaf, de kraanvogel en de adelaar behoort de zwaan tot de vier meest genoemde vogels in de oude verhalen. De kraanvogel brengt de ziel van de Andere Wereld, maar de zwaan is een afspiegeling van de ziel zelf. Daarom is de zwaan de vogel van Samhuinn, de poort tussen het rijk der levenden en het rijk der doden, de innerlijke en uiterlijke werelden, het oude en het nieuwe jaar. In mindere mate is de poort van de midzomernacht, de tijd waarin het gemakkelijker is contact te maken met het feeënrijk, ook geassocieerd met de zwaan. Europese verhalen vertellen over meisjes die op die avond in zwanen veranderen.

## DE ZWANEN VAN LIR

In het oude Ierland zei men bij het zien van een zwaan: 'Gezegend, jij witte zwaan, voor Lirs kinderen!' Lir was een koning van de Tuatha De Danann en hij had vier kinderen, drie zonen en een dochter. Iedereen hield van hen, behalve hun stiefmoeder Aoifa, die hen haatte. Toen ze aan het baden waren, sloeg ze hen met een druïdentoverstaf en veranderde hen in vier witte zwanen. Ze vertelde hen dat ze negenhonderd jaar lang zwanen zouden blijven, totdat ze klokken hoorden luiden en het nieuws vernamen dat een prins van het noorden zou trouwen met een prinses uit het zuiden. De kinderen konden nog wel zingen en praten als mensen en hun diepbedroefde vader, Lir, kwam naar de oevers van het meer en smeekte hen met hem mee naar huis te gaan. Maar zijn zoon Conn zei: 'Laat geluk en voorspoed op de drempel van uw deur staan, voor nu en eeuwig, maar over deze drempel kunnen wij niet gaan. We hebben het hart van wilde zwanen en moeten vliegen in het schemerlicht, het water onder ons lichaam voelen. De eenzame roep van de nacht moeten we horen. We hebben slechts de stemmen van de kinderen die u kende en de liederen die u ons leerde. Verder niets. Gouden kronen glanzen rood in het licht van het haardvuur, maar roder en schoner is de morgenstond.'

Negenhonderd jaren verstreken en Ierland was christelijk geworden. De zwanen hoorden de klokken van de Sint-Kernochkerk en gingen naar de heilige, die hen in bescherming nam. Kort daarop trouwde een prinses van Munster met koning Largnen van Connacht en de vier kinderen van Lir waren bevrijd van de vloek die op hen rustte. Maar toen de zwanentooi van hen af viel, werden ze mensen van negenhonderd jaar oud en ze stierven ter plekke. Sint-Kernoch begroef hen samen in een aarden heuvel. De grafsteen droeg hun namen in Ogham.

## ZWANENMAAGDEN

*De Droom van Oenghus* verhaalt ook over mensen die zwanen worden. 151 vrouwen, allen versierd met een zilveren ketting (behalve Taxusbes die een gouden ketting heeft) komen om het jaar tijdens Samhainn samen bij een meer en veranderen in zwanen. De god der liefde Oenghus roept Taxusbes bij zich en belooft met haar terug te keren naar het meer. Hij slaat zijn armen om haar heen en bedrijft met haar de liefde in de vorm van een zwaan. Ze vliegen driemaal rond het meer en zingen met hun etherisch gezang iedereen drie dagen en drie nachten in slaap, waarna ze samen naar Newgrange vliegen.

Cu-Chulainn, de halfgod uit Ulster, heeft een sterke band met zwanen. Bij zijn conceptie verscheen een koppel zwanen, om regelmatig terug te keren toen hij volwassen was. Op Samhuinn bleef zijn strijdwagen steken in het moeras en hielpen zwanen hem eruit. In een ander verhaal wordt hij achtervolgd door twee vrouwen die in zwanen veranderen om hem zo beter te kunnen opjagen.

De gracieuze vorm van de zwaan heeft een duidelijke relatie met de godin en met de kwaliteiten van schoonheid en vrouwelijkheid. Het thema van meisjes die in zwanen veranderen komt in de hele wereld voor. Het bekendste verhaal is uitgebeeld in het ballet *Het Zwanenmeer*. Maar het thema van de maagd die in een zwaan verandert, is ook een zinnebeeld van de dood, waarbij de zwaan de ziel vertegenwoordigt, die gewoonlijk vrouwelijk wordt genoemd.

# WOLF
## Faol

intuïtie, leren, de schaduw

De kaart laat een wolf zien die door het bos sluipt in de buurt van de bron van de rivier Findhorn in Schotland. De laatste wolf op de Britse eilanden werd gedood in 1743. Het is de tijd van *Faoilleach*, de wolvenmaand, de laatste twee weken van de winter en de eerste twee van de lente, grofweg overeenkomend met februari. Op de voorgrond zien we sneeuwklokjes, de bloem van het druïdenfeest van Imbolc aan het begin van februari.

**Faol** brengt een sterk gevoel van trouw, innerlijke kracht en intuïtie. Maar de wolf brengt ook een leerproces. Soms moet je grenzen overschrijden, risico's nemen, de beperkingen van het 'normale' gedrag overstijgen om te leren en te groeien, zelfs al lijkt het overschrijden van dit soort grenzen onaantrekkelijk en zelfs pijnlijk. Het is niet nodig bang te zijn voor de innerlijke kracht en macht die je voelt als je alleen bent. Kom tot in je diepste zelf en je zult zelfs in de donkerste plekken moed en spirituele leiding vinden.

**Omgekeerd** kan deze kaart erop wijzen dat je het gevoel alleen te zijn in deze wereld anders moet benaderen. Achter de angst voor eenzaamheid ligt wellicht een nog grotere angst voor je eigen kracht, weerbaarheid en macht. Leer deze te vertrouwen en leer je diepere zelf beter kennen. Door dromen en intuïtie kom je wellicht meer te weten over de verborgen kant van je bestaan die soms de schaduw wordt genoemd. Er zijn 'eenzame wolven' in de wereld, maar weet ook dat de wolf een trouw dier is dat vaak een partner voor het leven heeft. Daarom bracht een wolf die het pad van een bruidsstoet kruiste volgens de overlevering geluk. Zelfs al zijn er tijden in je leven die je alleen moet doorstaan, het is goed te weten dat er ook tijden zijn voor relaties en samenzijn.

## De traditie van de WOLF

*De teken dragende wolf zal zijn troepen leiden en Cornwall omsingelen met zijn staart.*
*De profetieën van Merlijn*

De wolf is een krachtig totemdier met veel kwaliteiten van de hond in zich, maar hij bezit ook een wildheid die de huishond vreemd is. Een van de Keltische namen voor de wolf is *Madadh-Allaidh*, de wilde hond, en de Kelten stonden erom bekend dat ze wolven met honden kruisten om een sterke vechthond te krijgen voor de strijd.

In Ierland bestaat een 'vesting van wolven' en een legende die verhaalt van de strijd tussen de held Cu-Chulainn en de oorlogsgodin Morrigan. De held versmaadt haar amoureuze avances en de godin valt hem aan in de gedaante van een wolvin.

Toch werd de wolf, ondanks deze associaties met woeste kracht, meer gewaardeerd om zijn verwantschap met mensen dan om zijn woestheid. In wezen is de wolf een uiterst sociaal, intelligent en vriendelijk wezen. De Keltische traditie laat in een legende zien hoe geliefd de wolf is: koning Cormac van Ierland werd als baby weggenomen door een wolvin terwijl zijn moeder sliep. Omdat hij opgroeide met de wolvenwelpjes, bleef hij een zwak houden voor wolven en zelfs nadat hij tot koning was gekroond volgde een groep wolven hem waar hij maar ging. De godin Ceridwen gaf vermomd als Henwen, de grote witte zeug, aan Wales een wolvenjong en in *Het Leven van Merlijn* van Geoffrey of Monmouth valt te lezen dat Merlijn tijdens zijn periode van gekte in het woud gezelschap had van een stervende wolf. Als de winter komt die hem van voedsel berooft, wendt Merlijn zich tot zijn dierlijke vriend en zegt: 'Jij, wolf, dierbaar gezelschap, gewend om met mij langs de eenzame paden van woud en weiland te struinen, kunt nu nauwelijks het veld oversteken... Je leefde in deze wouden voor mij en de tijd heeft jouw haren het eerst wit gemaakt.'

## DE WOLF ALS CLANTOTEM

In de Schotse traditie heeft een aantal clans de wolf als totem: de MacLennans en Mac Tyres (beide betekenen Zoon van de Wolf) en de MacMillans (Zoon van de Wolfdienaar). De persoonsnaam Fillan komt van het Gaelic *Faolan*, wat 'kleine wolf' betekent. Welshe namen als Bledyn, Bleddri en Bleiddudd stammen allemaal af van het woord voor wolf, *Blaidd*. In Ierland zei een hele clan af te stammen van wolven en volgens de overlevering werden wolven tam gemaakt en aangenomen als peetvader en -moeder.

In de late ijzertijd waren wolven het favoriete onderwerp voor tekeningen en in het hoog in de bergen gelegen heiligdom van Le Donon in de Vogezen is een beeltenis te vinden van een jager-god en beschermheer van het woud, die een mantel van wolfshuid draagt. De Kelten gebruikten de huiden van wolven als kleden waar ze op zaten bij het eten en volgens het volksgeloof beschermden deze huiden tegen epilepsie. Wolventanden brachten bij uitstek geluk. Ze werden over het tandvlees van baby's gestreken als de tanden doorkwamen en dienden als versiering en amulet.

De wolf is een van de dierlijke bondgenoten van de gehoornde figuur op de grote Keltische ketel uit Gundestrup in Denemarken. De andere dieren zijn een reebok, een slang, een zwijn, twee stieren, twee leeuwen en een dolfijn.

## DE WEERWOLF

Ondanks al deze positieve associaties met de wolf, staat dit dier ook voor gevaar en angst. In Angelsaksische tijden werden wolven soms opgehangen naast misdadigers, die zelf ook 'wolven' werden genoemd, en het Saksische woord voor galg betekent 'wolvenboom'. Sinds de eerste eeuw van onze jaartelling komen verhalen voor over weerwolven – mensen die zichzelf in wolven veranderen. Deze verhalen kennen waarschijnlijk verschillende achtergronden en de vele mensen die in de zestiende eeuw levend werden verbrand als weerwolf, vooral in Frankrijk, waren naast echte misdadigers zoals kinder- of massamoordenaars, waarschijnlijk mensen die leden aan porfyria, een genetische ziekte die een afkeer van daglicht en de groei van haar op het gezicht veroorzaakte, aan hondsdolheid veroorzaakt door wolvenbeten of mensen die de verschijnselen vertoonden van vergiftiging door moederkoren. Verhalen over de roofzucht van hongerige wolven met betrekking tot vee en wellicht ook mensen, en de angst voor een aanval van wolven met hondsdolheid, hebben er zeker toe bijgedragen dat de wolf een gehaat en gevreesd dier werd in het Europa na de Kelten. De eenzame en mogelijk moordzuchtige wolf werd een symbool voor alles wat gehaat en verworpen moest worden – inclusief de diepste behoeften van de mens zelf.

De negatieve associaties met de wolf gedurende de laatste tweeduizend jaar worden zichtbaar in Europese volksverhalen als Roodkapje, de Grote Boze Wolf en dergelijke. Desondanks zag Baden-Powell genoeg positieve associaties, de werkelijke natuur en de voorouderlijke totemwaarde van de wolf om de kinderen van de padvinderij welpjes te noemen en de leider Akela, de leider van de wolventroep in Rudyard Kiplings *Jungle Book*. Sommige natuurkenners geloven dat wolven raven gebruiken als gids naar voedsel. In ieder geval volgen raven dikwijls wolven. Tussen de raaf en de wolf bestaat op totemniveau een zeer krachtige band.

Zoals Merlijn gezelschap vond in een wolf, zo kunnen ook wij, met Faol als bondgenoot, genegenheid en spirituele leiding ondervinden van deze trouwste der dierengidsen. Bovendien kan Faol ons leren dat we vanuit onze ervaring onszelf kunnen vertrouwen en dat we die delen van ons die we nog niet kennen of begrijpen, niet hoeven te vrezen of te verwerpen.

# ADDER
## Nathair

transformatie, heling, levensenergie

Op de kaart zien we twee adders. Druïden werden soms adders genoemd en wellicht verwijst het verhaal waarin Sint-Patrick Ierland bevrijdt van slangen, naar de druïden. Op de achtergrond zien we het slangensteenaltaar der druïden uit Cumberland begroeid met klimop. Deze plant is giftig, net als de slang en gaat eveneens over het mysterie van dood en wedergeboorte, over de reis van de ziel door het labyrint van deze wereld naar de volgende en weer terug. We zien een dergelijk labyrint uitgebeeld op de rotswand. Dergelijke patronen zijn op veel plaatsen aangetroffen, bijvoorbeeld in Tintagel in Cornwall. Op de voorgrond zien we fossielen van ammoniet en zee-egel. De druïden gebruikten beide als magische 'adderstenen'.

**Nathair** biedt heling en transformatie. Zijn vermogen om in de duisternis te glijden via spleten in de rots verbindt hem met de onderwereld en de Andere Wereld en met het rijk van de dood. De adder is het totemdier van de aardgodin en van de zon, de hemelgod en -vader, en vertegenwoordigt ons vermogen te sterven en opnieuw geboren te worden. De energie waardoor we op aarde geboren kunnen worden, is seksueel van aard en maakt ook onze dood noodzakelijk. Vriendschap met de kracht van de slang of de adder maakt dat je vol gratie en magie door het leven kunt glijden, met gemak je oude leven van je af schuddend als dat nodig is – onverschillig of dit oude leven het fysieke lichaam is of een stadium in de huidige incarnatie.

**Omgekeerd** spoort deze kaart je aan je vermogen te kwetsen los te laten en te vervangen door een vermogen tot heling. Hoewel de slang giftig is en in de christelijke traditie een symbool voor het kwade, vertegenwoordigt de adder in veel tradities, waaronder die der druïden, heling en de kracht van transformatie. De slang spoort ons als totemdier aan onze krachten te gebruiken op een doordringende, snelle en stille manier. Niet om anderen te schaden, maar juist om ze te helpen en te helen. We kunnen leren om de stromen van de slang, die door ons lichaam en door de aarde vloeien, lief te hebben en te kanaliseren. Dit zal leiden tot een weldadige, helende, leven brengende stroom die uiteindelijk, meanderend als de slang van de rivieren op de vlakten, naar de wijde oceaan stroomt.

## De traditie van de ADDER

Ik ben een Slang, ik ben de Liefde. ik was een Adder van de Berg, ik was een Slang in de rivier.
*Taliesin*

Volg de adder door het gras. Hij nodigt je uit als hem te worden terwijl hij door een nauwe spleet in de rots glijdt. Je gaat een donkere, vochtige wereld binnen die gewoonlijk voor je verborgen is. Je gaat de aarde in en terwijl je graaft, laat je al je zorgen los en vergeet je wie je bent. Tijd en plaats betekenen niets meer en het lijkt eeuwen te duren voor je naar een glimpje licht toeglijdt. Als je naderbij komt, is de spleet waar je doorheen moet zo nauw, dat het je lichaam aan beide zijden samendrukt. Als je doordrukt voel je hoe je huid loslaat. Je bent weer op het gras en je nieuwe huid glinstert in de heldere ochtend.

De slang is een krachtig symbool en neemt een centrale plaats in in de traditie der druïden. Dit dankt de slang aan zijn vermogen te vervellen, wat verwijst naar de mysteriën van heling en wedergeboorte, en aan zijn kronkelende manier van voortbewegen, die de beweging van levensenergie in het lichaam en aardenergie door het land weerspiegelt. De barden uit Wales noemden de druïden zelf *Naddred*, adders.

## HET SYMBOOL VAN VRUCHTBAARHEID

In Maryport (Cumberland) en Lypiatt Park (Gloucester) zijn oude fallische druïdenaltaren gevonden. Op het altaar in Cumberland staat aan een kant een slang met een ei in de bek afgebeeld; op het andere altaar staat een slang die om de centrale steen kronkelt.

De slang met een ei in de bek wijst erop dat de ouden de details van de bevruchting kenden – met de slang als sperma en het ei als ovum. Pictische rotsgravures uit Schotland die ogenschijnlijk verwijzen naar sperma dat eicellen binnendringt, lijken te bevestigen dat de druïden, wellicht door helderziendheid, zich bewust waren van de fysieke gang van zaken rond de bevruchting.

Hoewel de slang als symbool van de penis en sperma voor mannelijke seksualiteit staat, is dit dier in het verleden even vaak verbonden met de godin als met de god. Slangen bewaakten de bronnen die aan de godin waren gewijd, en 's nachts sliepen zij daar dan ook. Ze waren gewijd aan Brighid, de godin van bronnen, water en vuur en zelfs toen deze godin gekerstend werd tot Sint-Brigid, bleven de Keltische verzen trouw aan dit beeld:

> *Vroeg in de morgen van Brigid*
> *komt de slang uit zijn hol.*
> *Ik zal de slang niet deren,*
> *noch zal de slang mij deren.*

De slang was het symbool van vruchtbaarheid. Zijn vorm en het feit dat een slang een dubbele penis heeft, maakten de associatie met vruchtbaarheidsgoden als Cernunnos logisch. Deze god wordt vaak afgebeeld met slangen of zelfs met benen als een slang. Maar de vrouwelijke slang staat ook voor vruchtbaarheid, want ze geeft geboorte aan een overvloedig aantal jongen, waarbij haar kronkelende bewegingen worden weerspiegeld in de stroom van meanderende rivieren. De Cuckmere in Sussex stond bijvoorbeeld bekend als de slangenrivier en de riviergodin Verbeia van de Wharfe in Yorkshire werd afgebeeld met een slang in elke hand.

## NWYVRE EN DE SLANGENSTEEN

Beide geslachten van de slang vertegenwoordigen het voortplantingsvermogen en de slang gaf daarmee het mysterie aan van zowel de fysieke als de metafysische voortplanting. De slang behoedt met zijn gif het grote mysterie rond het geheim van wedergeboorte via de juiste richting van de levenskracht, die in de traditie der druïden bekendstaat als *Nwyvre* en in het Oosten als *kundalini*. Het beeld van twee in elkaar gevlochten slangen staat voor het tweeslachtige karakter van deze kracht die, samengevoegd, nieuw leven voortbrengt. In Wales had vroeger elke boerderij traditioneel twee slangen, een mannetje en een vrouwtje, ter verzekering van het welzijn van het huishouden. In het Oosten wordt *kundalini* soms ook afgebeeld als twee slangen, Ida en Pingala. In het Westen gebruiken we het beeld van de caduceus (staf) van Hermes/Mercurius om de geneeskunst aan te geven. Hiermee geven we weer dat ware genezing slechts totstandkomt door heelmaking, vertegenwoordigd door de vereniging van de twee slangen. In de traditie der druïden was het symbool van deze eenwording, het slangenei, uiterst belangrijk.

Dit ei is een van de dierbaarste bezittingen van een druïde. Het heeft vele magische eigenschappen en staat in Wales bekend als de *glain neidre* (addersteen) of *gleini na Droedh* (druïdenjuweel). Sommigen stellen dat het een talisman van glas was, en wellicht maakten de druïdenalchemisten, de Pheryllt, ook glas. Anderen stellen dat het wellicht fossiele ammonieten of zeeegels waren, of de glanzende eierschaal van de wulk, die soms aanspoelt. Als aardenergie slangachtig was, kon men fossielen koesteren als de 'eieren' van deze magische slangen. Maar hoe de addersteen van de druïden ook was in aardse vorm, de werkelijke kracht ligt in het innerlijke rijk, waar het werkt als aandachtspunt voor de incubatie en regeneratie van het Zelf.

# ADELAAR
## Iolair

intelligentie, vernieuwing, moed

De kaart laat een gouden adelaar zien die voor de opkomende zon vliegt. Hiermee is de associatie met het Oosten weergegeven, het rijk van het intellect en het element lucht. Het is de tijd van Lughnasadh (Lammas op 1 augustus) en het landschap laat zien dat het oogsttijd is. Aan de horizon zien we de pieken van Snowdonia en we ontwaren in het noorden nog net het geheime meer van vernieuwing. Op de voorgrond staat een eikenboom, want de eik is de koning van het woud zoals de adelaar de koning van de vogels is. De eik en de adelaar zijn beide verbonden met de god Taranis, de Jupiter van de druïden, en met de god Lugh, Lleu, van wie men zegt dat hij is veranderd in een adelaar die neerstreek op een machtige eik.

**Iolair** helpt je het leven in een breder verband te zien, zodat je in staat bent helder en objectief besluiten te nemen en je doelen te stellen. Adelaar is een krachtige bondgenoot, dapper en sterk, die zijn energie rechtstreeks van de zon krijgt. Als je de adelaar toestaat voor je te werken, word je doelgericht en krijg je de moed dit doel te bereiken, vol vertrouwen nieuwe terreinen betredend. Adelaar maakt het mogelijk jezelf los te maken van de alledaagse zorgen en geeft je begrip voor subtiele ideeën en plannen. Accepteer de adelaar en hij zal je laten zien hoe je jezelf kunt vernieuwen en verjongen door – precies op het juiste moment – in het meer van je hart te duiken.

**Omgekeerd** kan deze kaart erop duiden dat het goed is op te passen voor de gevaren van een overweldigend verstand. De adelaar kan zijn vurige mannelijke krachten in evenwicht brengen met zijn vrouwelijke, meer waterige kwaliteiten, door zich te vernieuwen in het geheime meer. Maar als we dit meer niet kunnen vinden, als we ons verstand de toegang tot ons hart weigeren, kan ons leven droog en steriel en ons verstand streng en te analytisch worden. Wellicht is het nu tijd om te zien of je hart en je verstand met elkaar in evenwicht zijn. Misschien is het goed meer aandacht te besteden aan je dromen, om te luisteren naar de stem van het onbewuste, naar de diepten in je, zonder dat je de waarde van je onderzoekende, rationele verstand ontkent.

## De traditie van de ADELAAR

*Ik ben een adelaar op een rots.*
*Het lied van Amergin*

Hoog in de bergen van Snowdonia in Wales ligt de geheime begraafplaats van koning Arthur. Niemand zal het graf ooit kunnen schenden, want twee grote adelaars houden er de wacht. In werkelijkheid zijn deze adelaars twee druïden die zijn veranderd in adelaars, om voortdurend de wacht te houden in de onherbergzame hoogten. In Wales zeggen ze: 'De adelaars maken de wervelwinden op Snowdon', en dat zou wel eens kunnen slaan op de weermagie die de druïden op die heilige berg weven. De inwoners van Schotland en Wales erkennen de gedaanteverwisselingen van de druïden. Het verhaal gaat dat elk jaar met Beltane zo'n zestig druïden als adelaars bijeenkwamen op een eiland in Loch Lomond om de voortekens voor het komende jaar te schouwen.

In het Keltisch heette de adelaar ook wel de *Suil-na-Greine*, het Oog van de Zon. Ook in Noord-Amerika is de adelaar een zonnevogel. De psycholoog Carl Jung zei hierover dat de oorspronkelijke indianen 'iets van de zonnatuur van deze vogel in zich opnemen als ze zich met veren tooien ... de verentooi is een kroon, gelijk aan de stralen van de zon'.

De koningen van Ierland en Schotland droegen pluimen van adelaarsveren en de Schotse clanhoofden droegen drie adelaarsveren op hun hoed, vergelijkbaar met het druïdensymbool *Awen*, drie stralen van zonlicht.

## VERJONGING EN VERNIEUWING

Volgens een Ierse overlevering bestaan Adam en Eva nog steeds als adelaars en leven ze te Bo-finn in Killery Bay, Galway. Een nog vroegere Ierse bron, *De reis van Maelduin*, verhaalt dat Maelduin en zijn gezellen zien hoe een adelaar zich verjongt in een geheim meer. Dit thema is ook te vinden in de bijbel, in Spencers *Faerie Queene* en in de overgeleverde geschriften van Albertus Magnus. De adelaar staat symbool voor het intellect, het superego, het bewuste zelf, de hoogte. Het meer staat voor emoties, het onbewuste, de diepte. Om vernieuwing, spirituele en geestelijke verfrissing en verjonging te vinden, dienen we van tijd tot tijd ons verstand, ons rationele zelf de gelegenheid te geven in de diepte te duiken van het gevoel en het onbewuste. Zo kan kennis zich transformeren tot wijsheid.

## DE ADELAAR EN DE ZALM

De adelaar is met de raaf, de zwaan en de kraanvogel een van de vier meest genoemde dieren uit de oude Ierse en Britse traditie. Vooral in Welshe verhalen komt de adelaar veel voor. In *Culhwch and Olwen*, het oudste verhaal waarin koning Arthur voorkomt, valt te lezen dat de adelaar een van de vijf oudste dieren ter wereld is. Om de hand van Olwen te winnen moet Culhwch met een stel mannen van Arthur 39 taken volbrengen die Olwens vader, de reus Yspadadden Pencawr, hem heeft opgedragen. Een van deze taken is het bevrijden van Mabon, de Keltische goddelijke jongeling of zoon van het licht. Daartoe gaan ze op zoek naar het oudste dier ter wereld. Ze gaan op bezoek bij de oude merel, die hen verwijst naar de reebok van Rhedynfr, die hen doorverwijst naar de uil van Cawlwyd, die hen voert naar de adelaar van Gwernaby. Deze grote en oeroude adelaar, een van de belangrijkste totemdieren van de Britse eilanden, brengt hen uiteindelijk naar de oudste aller dieren, de zalm. De zalm wijst hen de weg naar het kasteel waar Mabon gevangenzit.

De adelaar en de zalm zijn op symbolisch niveau nauw met elkaar verbonden. De zalm staat, net als het meer, voor de waterige diepten van de emotie en het onbewuste. De adelaar die de zalm vangt, symboliseert de vereniging van diepte en hoogte, van emotie en intellect. Het Pictische symbool van de visarend, gegraveerd op oude rotsen in Schotland, kan raken aan het belang van dit symbool.

*Math, Zoon van Mathonwy*, een verhaal uit de *Mabinogion*, de verzameling verhalen uit Wales, vertelt hoe het bovennatuurlijke wezen Lleu Llaw Gyffes door zijn moeder een vloek krijgt opgelegd om te voorkomen dat hij een sterveling trouwt. Maar Math, de oom van Lleu, en Gwydion, een tovenaar, maken een echtgenote voor hem, een bloemenvrouw die luistert naar de naam Blodeuwedd. Ze is hem echter ontrouw en probeert, geholpen door haar minnaar, Lleu te vermoorden. Als een speer hem doorboort, uit Lleu een verschrikkelijke schreeuw en verandert hij in een adelaar die hoog in een eikenboom neerstrijkt. Later ontdekt Gwydion de adelaar en hij tovert hem met zijn toverstaf terug in zijn mensengedaante. Lleu Llaw Gyffes (de stralende met de behendige hand) is de Welshe variant van de Ierse zonnegod Lugh en hier zien we weer de associatie van de adelaar met de zon, en met het druïdenfeest van Lughnasadh.

# ZEUG
## Muc

vrijgevigheid, voeding, ontdekking

De kaart toont een zeug met haar biggen. In het veld achter haar zien we tarwe en gerst: granen die volgens de overlevering naar Wales zijn gebracht door de goddelijke zeug Henwen, de 'Witte Oude'. Aan de horizon zien we de Heuvel van Tara in Ierland, ooit bekend als Muc Inis, Varkenseiland, toen de Tuatha De Danann het veranderde in de vorm van een varken. Op de voorgrond rechts groeit melkdistel en links de dodelijke nachtschade, onschadelijk – naar men zegt – voor varkens. Op de grond ligt het lievelingseten van varkens, beukennootjes.

**Muc** staat met haar grote worp jongen voor overvloed en vruchtbaarheid. Als je deze kaart trekt, wil Muc je wellicht aanspreken op je vrijgevigheid. Als je je verbonden voelt met de liefde van de godin voor al haar schepselen, ben je in staat vrijelijk te geven in de wetenschap dat zij ook jou zal onderhouden en voeden. Als je deze kaart trekt, kun je je openstellen voor de overvloed die in de hele natuur aanwezig is. Sta jezelf toe deze overvloed te accepteren in de wetenschap dat het leven zich altijd vernieuwt en dat je niet bang hoeft te zijn er ooit van gescheiden te zijn. Maak van het leven een feest en geniet van de schoonheid en de sensuele verrukkingen. De godin is gul en geeft en vernieuwt alles en iedereen.

**Omgekeerd** wijst deze kaart erop dat je je zelfbeeld moet aanpassen. Een oud Keltisch gezegde luidt: 'Toen je dacht dat je op de zeug zat, lag je naast haar in de modder.' Hoewel de zeug staat voor voeding, vruchtbaarheid en schenken, kan ze ook gulzigheid vertegenwoordigen en 'varkensdomheid'. Misschien dien je te werken aan een beter begrip van de subtiliteiten van het leven, in plaats van te vertrouwen op je gezicht of figuur. Zonder wijsheid kan zelfs schoonheid onaantrekkelijk zijn, zoals een ander Keltisch gezegde stelt: 'Een knappe vrouw zonder voldoende begrip is als een gouden juweel in een varkenssnuit.' De borstels van het varken worden sinds jaar en dag gebruikt voor verfkwasten en het leer van het varken is uitzonderlijk zacht. Schijn kan bedriegen en beoordeel mensen of voorstellen op hun werkelijke en innerlijke waarde en niet op de buitenkant.

## De traditie van de ZEUG

*Het varken dat ik vorig jaar slachtte*
*heeft dit jaar jongen geworpen.*
*Traditioneel raadsel*

Veel oude wijsheid komt ons dagelijks leven binnen in de vorm van spreuken en gezegden. De barden gebruikten vooral raadsels om hun ideeën op humoristische wijze over te dragen en de spitsvondigheid van het publiek op de proef te stellen. Het raadsel van het varken dat wordt geslacht, maar toch jongen werpt, verwijst naar kreupelhout dat lijkt te zijn weggehakt totdat de lente nieuwe scheuten laat zien. Maar onder dit antwoord ligt een aanwijzing die ons voert naar de symbolische totembetekenis van het varken in de druïdentraditie. Het varken is gewijd aan de godin in haar aspect van het voedende en schenkende. Als zodanig komt het varken in veel oude verhalen voor als een magisch dier dat, hoe vaak het ook wordt gegeten, steeds weer herboren wordt. In Ierland stonden bij elke pleisterplaats van de goden van de Andere Wereld grote ketels vol gekookt of gebraden spek van varkens die na elke slacht herboren werden. In de *sidh*, of feeënberg, van de vader-god Dagda was een onuitputtelijke voorraad drank, drie bomen die altijd fruit droegen en een varken dat altijd bleef leven om in vlees te voorzien.

### HET VARKEN ALS VOEDSTER

De Kelten herkenden in het varken een geschenk van de goden of de godin in de vorm van voedsel voor de mens. Ze hielden zoveel varkens, dat de klassieke schrijver Diodorus Siculus optekende: 'Ze hebben zulke enorme kudden zwijnen dat ze zich een ruime voorraad gezouten vlees kunnen veroorloven.' Deze kudden zochten hun voedsel in de bossen en hielden ondergroei en ongewenste scheuten kort. In het voor- en najaar bracht men ze naar de velden om de grond om te wroeten.

Het varken was van groot belang voor de leefwijze van de Kelten en werd daarom geëerd en gerespecteerd, ook in rituele zin. Bij de vindplaats te Hayling Island in Hampshire uit de late ijzertijd, was een groot aantal varkens begraven en de heilige plaats in South Cadbury (Somerset) is verbonden met een laan van begraven biggetjes, kalveren en lammeren. Bij de begraafplaats van Skeleton Green in Hertfordshire trof men mannen aan, begraven met zwijnen. De vrouwen waren begraven met vogels. In Frankrijk is ook een graf gevonden met mannen en varkens en de vier zuilen van het binnenste heiligdom van de Romeins-Keltische tempel te Hockwold in Norfolk rusten op de botten van varkens en vogels. Misschien is ook dit een associatie van de man met het varken en de vrouw met de vogel. In het grote druïdencentrum van Chartres in Frankrijk heeft men een jong varken gevonden dat ritueel begraven was in een kuil en in Winklebury, Hampshire, zijn een varken en een raaf gevonden, samen begraven in een schacht.

Deze kuilen of schachten gebruikte men vroeger voor dankoffers en stonden vooral in verband met de onderwereld. Het varken stond als voornaamste voedingsbron centraal in de aardse Keltische feesten en in de feesten voor de onderwereld. Een groot aantal begraven strijdwagens in Groot-Brittannië en Frankrijk gaat vergezeld van hele varkens, ongetwijfeld om te dienen als voedsel voor de ziel voorbij het rijk der stervelingen.

### GROOTMOEDER VARKEN

Als voedselbron vertegenwoordigt het varken de godin en in delen van de Schotse Hooglanden heet een fokzeug *Seanmhair*, grootmoeder. Als bewijs dat het druïdenschap oorspronkelijk wellicht gericht was op de godin, heetten de druïden ook 'biggen' en werd de godin zelf soms afgebeeld als zeug. Een van de vroege Triaden uit Wales, *The Three Powerful Swineherds of Britain*, gaat over de zeug Henwen, de Witte Oude, die een wolvenwelpje, een adelaar, een bij, een poesje en een tarwekorrel baart. Henwen bezat grote wijsheid, want ze had de noten gegeten van de beuk, een gewijde boom van de druïden die oude wijsheid en traditie symboliseert. In de Welshe mythologie kent men Ceridwen, verantwoordelijk voor de initiatie en transformatie van Gwion Bach in de magische bard Taliesin, als de godin van varkens en gerst.

Ze vertoont zich soms als varken en haar neofieten kent men als biggen, haar aanbidders als zwijnen, haar druïde als een beer of beer der bomen en haar opperpriester als zwijnenhoeder.

Een varken is een omnivoor, het eet alles wat het vindt. Maar het vermogen om verborgen schatten te vinden brengt dit gebrek aan onderscheid in evenwicht. In heel Europa zet men al eeuwenlang varkens in om truffels en andere paddestoellekkernijen op te sporen.

Het vermogen om de geheimen van de aarde te ontdekken is een van de redenen waarom het varken zo belangrijk is voor de druïden. Zowel beer als zeug zijn gewijd aan de godin. De zeug staat voor het leven schenkende, de beer voor het leven nemende aspect. Om de rol van het varken als totemdier volledig te begrijpen, dienen we zowel met de zeug als met de beer te werken en hen te bestuderen.

# STIER
## Tarbh

rijkdom, macht, weldadigheid

De kaart laat een brullende stier zien met drie kraanvogels die boven hem cirkelen en de bladeren van een wilg op de voorgrond. Twee Keltische monumenten uit de eerste eeuw laten eveneens een stier zien met een wilg en drie kraanvogels. De kraanvogels herinneren ons eraan dat de stier weliswaar de aarde vertegenwoordigt, maar ook met de lucht en de hemel verbonden is. We zien de teelballen van de stier, teken van vruchtbaarheid en mannelijkheid. Vroege sjamanenrammelaars van de druïden hadden de vorm van stierenballen en een daarvan ligt in het gras. Aan de linkerkant zien we een druïdenhoorn uit de bronstijd. Deze hoorn doet het geluid van een brullende stier na.

**Tarbh** geeft de invloed van Taranis door. Deze Jupiter-achtige god der druïden schenkt met zijn weldadigheid en uitgestrektheid de mogelijkheid voor een rijk en overvloedig leven. De stier is een symbool voor rijkdom en het is daarom gunstig als je deze kaart trekt terwijl je met financiële zaken bezig bent. Bedenk wel dat de ouden wijs genoeg waren om te begrijpen dat werkelijke rijkdom allereerst in het hart en de ziel te vinden is, en pas dan in de materiële wereld. De stier staat voor vruchtbaarheid, macht, overvloed en voorspoed, maar het bereiken daarvan kost tijd. Als het nodig is om voortdurend en voor een langere tijd onder moeilijke omstandigheden te werken om je doelen te bereiken, kan de stier je helpen, zodat je niet uitgeput of terneergeslagen wordt.

**Omgekeerd** kan deze kaart erop wijzen dat je problemen hebt met je motivatie. Een stier die weigert vooruit te gaan is het koppigste dier dat er is en wellicht is het belangrijk te kijken naar de bron van je gebrek aan motivatie. Ook is het goed je af te vragen of je wel gevoelig genoeg bent voor de behoeften van anderen. Ben je wel eens een 'stier in een porseleinkast' als je voor bepaalde situaties staat? De gerichte kracht van een stier kan ontzagwekkend zijn, maar als een stier boos wordt, is hij gevaarlijk. Let op je gedrag als je wordt uitgedaagd en de manier waarop je wellicht je persoonlijke macht gebruikt als 'macht over anderen'.

## De traditie van de STIER

*Ik ben een stier van zeven gevechten.*
*Het lied van Amergin*

De Keltische bewoners van de Britse eilanden hielden vee. Vee stond centraal in hun economie en in hun levenswijze. De grootte van de kudde was bepalend voor de rijkdom van de eigenaar. Vooral de stier werd een symbool voor rijkdom, zowel in geldelijke als in bredere zin: hij duidt op macht, voorspoed en vruchtbaarheid. De stier verschijnt met grote regelmaat op Keltische munten. In Engeland heet een stijgende aandelenmarkt een 'bull market'. Een andere relatie met voorspoed vinden we in de associatie met de Keltische god Taranis, een god van donder en bliksem, eikenbomen en het Wiel der Sterren of Seizoenen. Taranis is de weldoenende hemelvader van overvloed, vergelijkbaar met Zeus of Jupiter.

Vee stond centraal bij onze voorouders en dit betekent dat de gezondheid en vruchtbaarheid van de kudde van levensbelang waren. Vruchtbaarheid was een breed begrip en betekende een overvloed aan oogst en levende have, aan creativiteit en kinderen. Men zag het zaad van dieren, planten en mensen niet als onafhankelijke grootheden, maar als facetten van de vruchtbaarheid van moeder natuur en het lot van het ene was verbonden met het andere. Stieren gaven in hun gecastreerde vorm als ossen de vroege gemeenschappen hun kracht. Ze trokken de ploeg en zorgden dat de pomp het water omhoog haalde. In Brittannië en Ierland gebruikten de druïden in hun ceremoniën bronzen hoorns en rammelaars om de geesten op te roepen en de deelnemers ontzag in te boezemen. Beide instrumenten laten zien hoe groot de verering was voor de stier als heilig dier. De hoorns waren gevormd als de hoorns van een koe of stier en gaven een rijke, volle toon met enkele boventonen, vergelijkbaar met de Australische didgeridoo. De rammelaars, *crotals* genaamd, waren bronzen imitaties van de balzak van de stier, voorzien van knikkers of bolletjes klei. Soms waren ze leeg. Wellicht werd daarop geslagen of dienden ze als symbool voor onvruchtbaarheid als tegenwicht voor de rammelaars met klank, die duidelijk gebruikt werden als een muzikale demonstratie van vruchtbare kracht.

Hoewel een stier overduidelijk een 'aarde'-dier is, vormen zijn hoorns een wassende maan en wijzen ze hemelwaarts, richting sterren. Tot op de dag van vandaag gebruiken druïden deze hoorns als ceremoniële drinkbekers.

### DE TAIN BO CUAILNGE – DE VEEROOF VAN COOLEY

In het Ierse verhaal *De veeroof van Cooley* lezen we over de strijd tussen twee bovennatuurlijke stieren: Findbennach (de Witgehoornde van Connacht) en Don (Bruin of Heer) van Cuailnge in Ulster. Koningin Medb en haar minnaar Ailill lagen op een nacht in bed op te scheppen over hun bezittingen, om tot de ontdekking te komen dat ze precies even rijk waren, maar dat Ailill ook nog een prachtige witgehoornde stier bezat. Daarop probeert Medb de al even schitterende Donn te kopen, wat wordt geweigerd. Ze verklaart Ulster de oorlog en probeert zo de stier te bemachtigen. De oorlog loopt uit op een strijd tussen de twee stieren zelf. De Donn uit Ulster wint de strijd en doodt Findbennach. Gek geworden doodt Donn alles wat hem voor de voeten komt, en sterft ook hijzelf.

De twee stieren waren ooit goddelijke herders in de mensengedaante van varkenshoeders, Bristle en Grunt. Ze waren 'huidveranderaars', gedaanteverwisselaars, aartsrivalen die elkaar bevochten als raven, reebokken, watermonsters, menselijke prijsvechters, demonen en ten slotte palingen. Als zodanig werden ze opgegeten door koeien en herboren als stier.

### HET RITUELE OFFER VAN STIEREN

In het vroege Ierse ritueel van *Tarbhfhess* ('stierenslaap') werd de koning van Tara op de volgende manier gekozen: men slachtte ritueel een stier en een medium at het vlees en dronk de bouillon waarin het vlees was gekookt. Het medium ging slapen met de stierenhuid als deken en vier druïden spraken een waarheidsspreuk over hem uit. Daarop kreeg het medium een droomvisioen waarin de rechtmatige vorst verscheen.

Het slachten van stieren had een diepe betekenis voor de Kelten: de Gundestrup-ketel laat drie stieren zien die worden geslacht en het lijkt erop dat men soms 'doorgang-ceremoniën' hield waarbij stieren werden geofferd en begraven bij de ingang. Bewijsmateriaal uit het Gallische heiligdom in Gournay laat zien dat de dieren oud waren – tien jaar of ouder – voor ze werden geslacht.

Dromen over een stier betekende in de Schotse traditie dat er hulp kwam. Plinius doet verslag van een rituele slachting van twee witte stieren aan de voet van een eikenboom, terwijl de maretak werd afgesneden. Dit eeuwoude rituele klinkt wellicht door in het Engelse woord voor de grote holle eiken, 'Bull Oaks' ofwel 'stiereneiken'. Bewoners van het platteland zeggen echter dat deze bomen zo heten omdat stieren erin schuilen. Zo komen twee van de belangrijkste symbolen van de god Taranis bijeen: de eik en de stier.

# GANS
## Gèadh

waakzaamheid, ouderschap, productiviteit

De kaart laat twee grauwe ganzen zien in de venen. De grauwe gans is de voorouder van de tamme gans en heeft een partner voor het leven. Ooit was het de enige gans die in Brittannië broedde. De grauwe gans bleef achter, terwijl andere soorten verder trokken. Op de voorgrond zien we braamstruiken en kruisbessen (in het Engels gansbessen geheten) met rechts kleefkruid ('ganzengras') en op de achtergrond *Ngetal* (riet). In de lucht zien we een vlucht ganzen in V-formatie, op weg naar zee.

**Trek** je deze kaart, dan ben je er wellicht aan toe de verantwoordelijkheid op je te nemen een gezin te stichten of een langdurige relatie aan te gaan. Gèadh schenkt een kracht die creatief en productief is. Je kunt je voor deze kracht openstellen in de zekerheid dat je relatie of familie of zakenpartner een stabiele omgeving levert voor jouw creativiteit. Het opvoeden van kinderen is een van de meest vreugdevolle en belonende activiteiten die we op ons kunnen nemen en de gans, die een sterke familieband paart aan het vermogen om uitzonderlijk hoog van continent naar continent te vliegen, laat ons zien dat het mogelijk is om in het dagelijks leven tegelijk gegrond en spiritueel te zijn.

**Omgekeerd** kan deze kaart erop wijzen dat je niet overdreven bezorgd moet zijn over je recht, je bezittingen of je gebied. Misschien is het niet nodig zo op je strepen te gaan staan en misschien ben je te bezitterig ten opzichte van je partner. Veel ganzen kiezen een partner voor het leven, maar mensen doen dit niet altijd. Soms is het beter niet bij elkaar te blijven. Als de relatie echt blijvend is, zal de drijfveer wederzijds respect en vrijheid zijn, en niet jaloezie en bezitsdrang.

De oude Kelten hielden ganzen vooral vanwege de eieren en niet vanwege het vlees. Ze wisten dat je meer hebt aan een levende en productieve gans dan aan een gans die je maar een keer kunt opeten. Schapen hielden ze op dezelfde manier: om de wol en de melk en niet om het vlees. De les hieruit is dat we goed op onszelf moeten passen als we onze creatieve en productieve krachten willen benutten. Om er zeker van te zijn dat de gans gouden eieren blijft leggen, moeten we de gans in leven houden: doorvoed, uitgerust en in goede conditie.

## De traditie van de GANS

*Zwermen bijen, kevers, zachte muziek van de wereld, een zoet gezoem; wilde ganzen, brandganzen, kort voor Allerzielen, muziek van de donkere stroom.*

*Iers, tiende eeuw*

Het verhaal gaat dat de druïden van weleer zeer bedreven waren in het voorspellen op grond van de vogelvlucht. Daarbij gebruikten ze naast hun paranormale vermogens ook hun scherpe vermogen de natuur te observeren. De komst of het vertrek van trekkende ganzen duidde bijvoorbeeld op de komst van zomer of winter en daarmee werd de gans een symbool voor de seizoenwisselingen. Als de wilde ganzen naar de zee vlogen, was er mooi weer op komst. Trokken ze richting de heuvels, dan was er slecht weer ophanden.

In het citaat hierboven heeft de schrijver het over brandganzen die in oktober naar Brittannië komen om te overwinteren. Ze komen uit het poolgebied en hun komst net voor Samhuinn (Allerzielen) was een duidelijk teken voor de invallende winter. Waar de naam van de brand- of dondergans (in het Engels *barnaclegoose*) van afgeleid is, is niet bekend en de Engelse overlevering wil dat ze komen uit de eendenmosselen (*barnacles*) op drijfhout, uit bomen of zelfs uit eikels. In Schotland noemde men de brandgans ook boomgans, omdat ze volgens de legende uit de wilgen van de Orkney-eilanden kwamen.

Samhuinn is traditioneel de tijd van waarzeggerij, maar dit geldt voor de hele herfst, het seizoen van introspectie en reflectie. Het feest van Sint-Michael is de christelijke variant van het herfsteveningsfeest. Traditioneel was dit een ganzenfeest waar men het borstbeen ('Gelukkige Gedachte' geheten) bestudeerde op voortekens. Het breken van het geluk brengende borstbeentje van de kip is het enige wat ons resteert van deze gewoonte, die wellicht voorchristelijke wortels heeft.

De gans stond ook met Kerstmis in het middelpunt en de gans is het symbool van de vernieuwing en reiniging van midwinter, als de zon tijdens de zonnewende wordt herboren.

Daar de gans een zonnevogel is, is het leggen van een gouden ei een volmaakt symbool van deze wedergeboorte van de zon, waarbij de moedergans de moedergodin vertegenwoordigt.

## DE WOESTE GANS

Bij een gans denken we meteen aan kwaliteiten als agressie en verdediging. Het feit dat de gans haar gezin en terrein tot het uiterste zal verdedigen en dat haar luide gegak elke bezoeker ruimschoots aankondigt, heeft van haar een krachtig symbool gemaakt voor verdediging en bewaking. Een grote stenen gans staart met wakend oog van de deurstijl van de hooggelegen tempel van Roquepertuse in de Provence (ijzertijd) en bewaakt een heiligdom voor oorlogsgoden. Te Dineault in Bretagne is een bronzen figuur van een Keltische oorlogsgodin gevonden, compleet met helm, waarop een gans in karakteristieke aanvalshouding staat, de nek vooruit. In het voormalige Tsjechoslowakije werden in de ijzertijd krijgers soms begraven met ganzen. Ganzen kunnen goed vliegen en goed vechten. In Engeland heeft men het nog over een 'wild goose chase' (een wildeganzenjacht) voor een zoektocht die maar niet wil slagen: ganzen laten zich moeilijk vangen en doden.

## EROTISCHE KRACHT EN TROUW

De grauwe gans heeft een partner voor het leven, evenals andere ganssoorten, en zal de partner en de jonge gansjes met volle overgave verdedigen. De jongen kunnen na twee maanden al vliegen, maar blijven veel langer binnen het gezin. Ganzen voeren ingewikkelde baltsrituelen en 'triomftochten' op als een paar elkaar ontmoet, zodat de gans staat voor hofmakerij, relatie en trouw. De lust tot paren associeerde men vroeger, zeer ten onrechte, ook met een losse moraal: ten tijde van koningin Elizabeth I was 'gans' een veelgebruikte uitdrukking voor een prostituee en duidde men geslachtsziekten aan als 'gans van Winchester'. In werkelijkheid toont de gans een opmerkelijke trouw en vasthoudendheid ten opzichte van een dezelfde partner, maar de voorchristelijke omschrijving als vogel van de schepping met de daaraan verwante erotische kracht werd door de christenen verkeerd geïnterpreteerd.

Hoewel de Romeinen ganzenvet gebruikten als liefdesopwekkend middel, diende het bij de Kelten voor heling. Op St. Kilda in de Atlantische Oceaan, het verst gelegen Britse eiland, heette het Gibanirtick en werd geroemd om zijn helende eigenschappen. De eerste zendelingen kwamen pas in 1705 op dit eiland, waar tot ver in de achttiende eeuw het geloof en de traditie van de druïden voortleefde.

De gans is met zijn sterke familieband en het vermogen extreem hoog te vliegen, een krachtig symbool voor de vereniging van hemel en aarde, en voor de manier waarop wij onze spirituele en dagelijkse beslommeringen in overeenstemming met elkaar kunnen brengen. De Amerikaanse dichteres Mary Oliver drukt in onderstaande strofen uit haar gedicht *Wilde ganzen* op een prachtige manier uit hoe de gans vrijheid en verbondenheid samenvoegt:

> Ondertussen gaan de wilde ganzen,
> hoog in de lucht, alweer huiswaarts.
> Wie je ook bent, en hoe eenzaam ook,
> de wereld biedt zich aan voor je verbeelding,
> roept je als de wilde gans, schor en opwindend –
> en verkondigt keer op keer waar je plaats is
> in de familie van het al.

# RAM
## Reithe

opoffering, doorbraak, resultaat

De kaart laat een ram zien met op de achtergrond een schaap met twee lammetjes. Links zien we het zandblauwtje ('schapenlever') en rechts schapenzuring. Op de voorgrond groeit steenbraam. In de rots is een slang met ramskop gekerfd.

**Reithe** brengt het vermogen tot doorbraak. De ram is bijzonder gesteld op zijn geboorteplaats en staat daarmee voor verbintenis, geworteldheid en stabiliteit, maar hij vertegenwoordigt ook de kracht om in iets door te dringen, het te overwinnen en tot resultaat te komen. De ram als bondgenoot kan je helpen de innerlijke kracht te vinden die je nodig hebt om te slagen. Tegelijkertijd hoef je niet bang te zijn 'je hoofd te verliezen' op de duizelingwekkende toppen van succes, want de ram houdt je gegrond en zal je blijven herinneren aan de praktische noden van het leven. Als je doorzet, geduldig bent en zowel zorgt voor je dagelijkse noden als voor je toekomstige doelen, zal de dag komen dat je een doorbraak beleeft – dat je bereikt wat je altijd al wilde. Dan ontdek je ook dat je bent 'thuisgekomen'.

**Omgekeerd** suggereert deze kaart dat hoewel iets in je van competitie houdt

– de hoorns kruisen met een vriend of vijand – je misschien gevraagd wordt een offer te brengen. Soms kan loslaten, hoe pijnlijk ook, de deur openzetten naar een nieuw leven dat je nooit dacht te bereiken. Kijk of je om de muur heen kunt lopen, voordat je je hoofd als stormram gebruikt. Ook kan de kaart erop wijzen dat je misschien een andere richting dient te kiezen. Misschien staat die muur er wel om een reden die je nu nog niet kunt vatten. Vraag jezelf af: 'Waar voel ik me echt thuis?' Volg je instinct en je praktische aard en bouw een thuis om je heen dat echt aangenaam is, dat echt van jou is.

## De traditie van de RAM

*Donderdag, de dag van de zachtmoedige Sint-Columba,
de dag om de schapen te weiden.*
*Spreuk uit de Hooglanden*

De Kelten hielden schapen vooral voor de wol en de melk, maar ook voor het vlees. Schapen werden, net als bomen, geëerd om de grote bijdrage die ze de mensheid schonken. Beide werden symbool voor opoffering, want zoals de boom zijn leven geeft voor warmte, huisvesting en onderdak, nadat hij eerst schaduw, zuurstof en fruit heeft gegeven, geeft ook het schaap zijn leven voor voedsel, na al vele malen zijn vacht en melk te hebben gegeven. De god der bomen heette bij de Gallische druïden Esus, zeker tweehonderd jaar voor de tijd van Jezus, en het feit dat hij ook symbool van zelfopoffering werd, wijst op een mysterieus verband tussen de leer der druïden en het vroege christendom. De legende van de jonge Jezus, die met zijn oom Jozef van Arimathea naar Glastonbury reist, versterkt dit nog. In Glastonbury werd trouwens op grote schaal wol gesponnen.

Schapen werden vooral gewaardeerd om hun bijdrage aan de economie en de ram was bij uitstek geschikt als offerdier. Bij de oude 'standing stones' (staande stenen) vierde men in Devon tijdens Beltane en midzomerfeesten waarbij men ramsvlees roosterde. De hals van de ram werd vastgebonden op een steen en doorgesneden, waarna het dansen, het spel en worstelen een aanvang nam. Het vlees bracht geluk aan ieder die het at. Een dergelijk feest wordt nog steeds gehouden op pinkstermaandag te Kingsteignton, maar de ram wordt niet meer publiekelijk geslacht.

De Schotse traditie die stelt dat schapen ooit konden spreken, verwijst naar het verband tussen de ram en offers. Toen de schapen het paradijs verlieten, waren hun laatste woorden: 'Verbrand onze botten niet.' Dit betekent dat men erg moest oppassen bij het roosteren van schapenvlees. Nooit gooide men schapenbotten in het vuur. Haardijzers hadden vaak een ramskop en ook dit kan wijzen op de rol van de ram als offerdier.

Elk deel van het schaap, eenmaal geslacht, werd traditioneel toebedeeld aan een lid van de gemeenschap. De timmerman kreeg de lever, de schaapherder het hart, de astronoom de schouder. Vroeger was de astronoom wellicht de astroloog – de druïde of ovaat die in Schotland, Wales en sommige delen van Engeland een oude waarzegmethode gebruikte, gebaseerd op aandachtige bestudering van het schouderblad van een schaap.

Het geloof dat schapen ooit konden praten, heeft wellicht te maken met het feit dat hun botten 'spraken' in waarzeggerij en dat hun huid diende om muziek te maken, want zowel trommelvellen als de zakken van de doedelzak kwamen van het schaap.

Naast muziek, leverden schapen ook heling. Bij slepende ziekte hielp het slapen tussen de schapen, hun knieschijven waren een probaat middel tegen kramp en bij kinkhoest en geelzucht beval men een aftreksel van schapenkeutels aan.

## DE LEER DER TEGENSTELLINGEN

In het Ierse verhaal *De reis van Maelduin* bezoeken de held en zijn twintig gezellen een reeks magische eilanden. Veel van deze eilanden worden door dieren bestuurd. Het Eiland van Wit en Zwart heeft een bronzen hek dat het eiland in tweeën deelt. Aan de ene kant staat een kudde witte schapen, aan de andere kant een kudde zwarte schapen. Een schaapherder gooit een wit schaap in de zwarte kudde en het schaap wordt zwart. Dan doet hij het omgekeerde en een zwart schaap wordt wit. Het verhaal verwijst naar de leer der tegenstellingen, die het duidelijkst naar voren komt in het taoïsme, maar ook duidelijk is in de leer der druïden. Bedenk ook dat het volksgeloof wil dat een zwart schaap in een witte kudde geluk brengt.

In een ander verhaal, *De reis van Teigue*, ontdekt men een eiland met schapen zo groot als paarden. Een kudde bestaat uit enorme rammen met een ram die negen hoorns heeft. Deze gigantische ram valt Teigues mannen aan, maar Teigue doodt de ram. Er zijn twintig man nodig om het dier weg te dragen. Een andere gigantische ram komt voor in het Engelse volksliedje *The Derby Tup*. Dit lied gaat over een dier wiens hoorns 'zo hoog groeiden, dat ze tegen de lucht rammelden als het dier zijn hoofd schudde'. Het lied beschrijft verder de slacht tijdens midwinter en de geschenken die de ram brengt, wat misschien verwijst naar een oude gewoonte om een ram te offeren bij de zonnewende.

## DE SLANG MET DE RAMSKOP

De slang met de ramskop was een krachtig symbool in de traditie der druïden en Kelten. Dit samengestelde wezen staat drie keer op de Gundestrupketel. Uit Frankrijk komen bronzen en stenen beeldjes van de gehoornde god Cernunnos met om zijn lichaam een paar gehoornde slangen. Dezelfde wezens komen voor in andere Gallische gravures in relatie tot een godin en een jongeman. Uit Gloucestershire komt het beeld van Cernunnos met twee benen van gehoornde slangen. Hun koppen komen aan weerskanten uit het hoofd van de god. Zulke beelden wijzen erop dat de ramskop aan het slangenlijf is toegevoegd om de kracht en de doordringende aard van het mannelijke te benadrukken. De associatie in de iconografie met zonne- en hemelgoden bekrachtigt deze interpretatie. De ram was geen symbool voor oorlog of krijgskunst. In plaats daarvan werd zijn relatie tot macht, vruchtbaarheid en heling versterkt door hem te verbinden met de slang.

# HAAS
## Geàrr

wedergeboorte, intuïtie, evenwicht

De kaart laat de oorspronkelijke haas van Brittannië zien, de poolhaas. Deze haas werd later verdrongen door de gewone bruine haas, die de Romeinen waarschijnlijk vanuit de vlakten van Midden-Europa hadden meegenomen. De zon komt bijna op, maar de maan staat nog aan de hemel. Op de achtergrond zien we een dolmen – het symbool van wedergeboorte – en op de voorgrond ligt een kievitsnest met eieren, die de haas zou hebben meegebracht. Grasklokje (hazenklokje), hazenpeterselie en hazenvoetklaver groeien in de nabijheid.

**Geàrr** brengt ons de zegeningen van evenwicht en intuïtie, van belofte en vervulling. De haas is een wezen van de godin, de maan en de nacht, maar vertegenwoordigt ook het ochtendgloren, het oosten en helderheid. Van alle dieren kan de haas het best van gedaante veranderen en we weten nooit zeker waar de haas is, hier of in de Andere Wereld. De haas staat voor de intuïtie die plotse gedachten in ons bewustzijn oproept, zoals kievitseieren die met Pasen op magische wijze in een hazenleger verschijnen. De haas vertegenwoordigt de graangeest en de twee zonne-eveningen en brengt de opwinding die ontstaat vanuit wedergeboorte, overvloedige vruchtbaarheid en bewust loslaten als een cyclus van creativiteit zijn voltooiing nadert. Met de haas als bondgenoot ben je in staat goed om te gaan met perioden van verandering en kun je je in je leven laten leiden door je intuïtie.

**Omgekeerd** kan deze kaart erop duiden dat iets in je leven niet in evenwicht is. Misschien ben je te bezorgd over de Andere Wereld en zie je in alles een voorteken of let je te veel op 'doorgegeven' boodschappen. Evenwicht houdt in dat we ons evenzeer bezighouden met de uiterlijke als met de innerlijke wereld. Over doorgegeven boodschappen zei iemand ooit: 'Omdat ze dood zijn, zijn ze nog niet slim.' Wijsheid en leiding komt uit diverse bronnen en misschien is het goed om, meer dan in het verleden, ook je gezonde verstand te gebruiken.

## De traditie van de HAAS

*Scherp van oog haar hazen en honden,*
*bramen en sleedoornbessen*
*spinnen hun haag door het woud.*
Uit 'Arran van de vele hinden'; Iers, twaalfde eeuw

Omdat de haas 's nachts op eten uitgaat en paart, was de menselijke kennis over dit dier lange tijd zeer beperkt. Ooit dacht men dat hazen elk jaar van geslacht veranderen en alleen in de maand maart als een razende op en neer rennen en hun opmerkelijke bokswedstrijden houden. Nu weten we dat ze de hele paartijd paren. Voor maart paren ze ongezien voor de morgenstond, in maart zichtbaar door het lengen der dagen. Later in de lente onttrekt de toegenomen vegetatie het paarritueel weer aan de menselijke waarneming.

Toen haar dochters werden onterfd door de plaatselijke gouverneur, leidde koningin Boudicca van de Iceniërs in het oosten van Engeland een opstand tegen de Romeinen die hun macht bijna vernietigde. Een tijdgenoot beschrijft hoe ze een haas gebruikte om de uitslag van de eerste veldslag te voorspellen: 'Na tot haar volk te hebben gesproken, gebruikte ze een vorm van voorspelling en liet ze een haas los uit de plooi van haar rok. De richting waarin de haas rende, zag men als een gunstige en de ganse menigte schreeuwde het uit van vreugde. Boadicea hief haar hand ten hemel en zei: "Ik dank u, Andraste (godin van de strijd en overwinning) ... Ik smeek en bid u om de overwinning."'

Vroeger waren hazen gewijd aan de godin. Ze brachten voorspoed, vruchtbaarheid, transformatie en heling. Net als bij dieren als de kat en de slang, verlaagde het christendom deze symboliek en veranderde het deze in het tegendeel. De nauwe verwantschap tussen katten en hazen is in het Engelse taalgebied duidelijk. Daar dragen beide dieren dezelfde bijnamen 'pussy' (poesje) en 'malkin' (slons). In de Middeleeuwen dacht men dat heksen konden veranderen in hazen om 's nachts te melken of grote afstanden af te leggen. Misschien deed het 'hazenparlement', waar hazen in cirkels zitten, wel denken aan een heksenkring waarbij elke haas in de kring in feite een heks in vermomming was.

Een hazenpootje was een gewild middel tegen reuma en toneelspelers gebruikten het om in hun rol te komen. In Schotland gold het echter als een slecht voorteken en een vervloeking als men een hazenpoot op de bodem van een vissersboot aantrof. Daar mocht op zee het woord 'haas' nooit worden uitgesproken. Bij het aanvaarden van een reis was het ook een slecht voorteken als een haas je pad kruiste. Hazenlippen, zo dacht men, ontstonden door toedoen van de feeënwereld of omdat de moeder tijdens de zwangerschap per ongeluk een haas had doen schrikken.

## WEDERGEBOORTE, WEDEROPSTANDING EN DE GRAANGEEST

Hazen of beeldjes van hazen zijn als brengers van voorspoed en als dieren die zijn gewijd aan de godin, aangetroffen in rituele begraafplaatsen. De haas is ideaal om mee te nemen in het graf, want het dier vertegenwoordigt het vermogen van de godin wedergeboorte en onsterfelijkheid te schenken. Deze kracht heeft vaak als apart symbool de graangeest, die de magische kracht belichaamt van het levensonderhoudende gewas dat in de herfst afsterft en in de lente weer terugkeert. De heidense afkomst van de christelijke feesten is overduidelijk in *Alban Eiler*, de lente-evening. De haas is de oorspronkelijke 'paashaas' en het Engelse en Duitse woord voor het paasfeest (Easter en Ostern) is afgeleid van de Saksische godin Eostre, aan wie de haas was gewijd. Hazen slapen in het open veld en de vorm van een slapende haas lijkt erg veel op een kievitsnest. Als in de lente deze nesten opeens met eieren zijn gevuld, lijkt het alsof de hazen deze op magische wijze hebben doen verschijnen – de eieren worden geschenken van de heilige haas. Als godin bracht de haas met de lente-evening nieuw leven, wedergeboorte. In de gekerstende versie markeert de tijd van Pasen, bepaald door de maanstand, de wederopstanding van de Christus met de komst van de paashaas en chocolade- of geverfde eieren.

Aan de andere kant van het jaar – ten tijde van *Alban Elued*, de herfst-evening – treedt de haas weer op als de belofte van de lente is vervuld met de oogst van de herfst. De laatste korenschoof werd 'haas' genoemd. Het rituele afsnijden van de laatste halmen heette het doden of afsnijden van de haas. Als uit deze laatste korenschoof een haas sprong, was dit een uitzonderlijk goed voorteken.

## GROOTMOEDER HAAS

De haas was gewijd aan de godin en stond symbool voor de graangeest, dus het eten van een haas was taboe. In Kerry (Ierland) zegt men nog steeds dat het eten van een haas gelijkstaat aan het eten van je eigen grootmoeder. Hazenvlees was net als paardenvlees slechts verboden in Groot-Brittannië en Ierland, waar alleen de koningen van Tara de hazen van Naas mochten eten. In Gallië behoorde de haas tot het meest gejaagde wild. In Ulster was het toegestaan 'op Cailleach (de *Hag*-godin) te jagen' meteen na de herfstoogst en in sommige delen van Engeland was de hazenjacht op de dag van Beltane toegestaan. Het opjagen van de haas is van latere datum en is waarschijnlijk van Romeinse oorsprong, al is het beeld van de haas die wordt opgejaagd door de hazewindhond sterk aanwezig in het verhaal van Taliesin. De vluchtende Gwion verandert in een haas om te ontkomen aan Ceridwin, die zich op haar beurt omtovert in een windhond en zo de achtervolging voortzet.

De haas is nauwelijks in gevangenschap te houden en is ongelooflijk vruchtbaar. Gevangengenomen huilt hij als een klein kind. Niet alleen in het Westen, maar over de hele wereld verbindt men de haas in sterke mate met de maan, de kleur wit, de dageraad en het Oosten.

# ZALM
## Bradan

wijsheid, inspiratie, verjonging

De kaart laat een zalm zien, happend naar een hazelnoot die van een van de negen bomen van wijsheid valt, die naast de heilige bron groeien. Het Ogham-teken voor riet – *Ngetal* – is gegraveerd op een van de noten die bij het water hangen.

**Bradan** wordt in de traditie der druïden vereerd als bijzonder heilig, als oudste aller dieren en brenger van wijsheid en inspiratie. De zalm keert altijd terug naar zijn geboorteplaats om kuit te schieten, wat vaak met enorme problemen gepaard gaat. Om wijsheid te vinden, moeten we terugblikken op ons leven, bewust terugreizen naar ons begin, onze kindertijd en wellicht nog verder terug, helemaal naar onze oorsprong in god of godin. Bradan brengt niet alleen wijsheid, maar ook jeugd en inspiratie. Bedenk wel dat je deze zaken slechts vindt vanuit een open en onschuldige houding en niet door koppige volharding.

**Omgekeerd** kan deze kaart erop duiden dat je te veel je best doet om je doelen te bereiken of dat je erop vertrouwt dat iemand anders de wijsheid voor jou vindt. Denk aan de verhalen van Taliesin en Fionn mac Cumhaill en probeer meer open en ontspannen in het leven te staan. De zalm kan tegen de stroom in zwemmen door er niet tegen te vechten, maar door gebruik te maken van de kennis van tegenstromen onder de oppervlakte. Het Engelse woord voor 'salto' (summersault) is een verbastering van het woord 'salmonsault' oftewel zalmsprong. Kinderen buitelen en maken salto's en deze kaart, hoe ook getrokken, roept je op aansluiting te vinden bij het springende en dansende kind in je.

## De traditie van de ZALM

Schouw vaak en diep in de poel van Fec,
schouw vaak en diep in de poel van denken,
en je zult je dolende geest kalmeren,
ontdek geheimen, begraven in jezelf,
vind licht en liefde in je en om je heen,
en doe het nieuwe wonder ontwaken aan de oever van de Boyne.
Uit 'Het lied van de Zalm-God' door W.P. Ryan

De zoektocht van de druïde is een zoektocht naar wijsheid en kennis. Deze zoektocht leidt uiteindelijk naar het oudste dier, Bradan de Zalm, die zwemt in de bron van wijsheid waaruit alle leven ontspruit. In de Ierse mythologie heet deze bron de Bron van Conla of de Bron van Segais. Hier ontspringt de Boyne, de heilige rivier die door de Boyne-vallei loopt waarlangs de oude druïdentempels van Newgrange, Knowth en Dowth staan.

Rondom deze heilige bron groeien negen hazelaars. De noten hiervan voeden de zalmen uit de bron en maken hen wijs. Toen koning Cormac de bron ontdekte, beschreef hij deze als volgt: 'Een stralende fontein waar vijf stromen uit voortvloeien, die ieder op hun beurt het water uit de bron drinken. Negen hazelaars van Buan groeien boven de bron. De purperen hazelaars laten hun noten vallen in de bron, waar de vijf zalmen ze openbreken en de doppen langs de stromen laten afzakken.'

De god Manannan legt dit visioen uit en in zijn woorden horen we hoe de druïdenwijsheid voortleeft in deze verhalen: 'De bron die ge zag, met de vijf stromen, staat voor de vijf zintuigen waarlangs men kennis vergaart. Niemand zal kennis hebben die niet een enkele slok van de bron zelve en van de stromen neemt. Degenen die kunst beheersen in veelheid zijn zij, die uit beide drinken.'

Hier wordt ons duidelijk gemaakt dat we kennis verwerven via onze zintuigen, maar dat we ook uit de bron zelf dienen te drinken, de bron van inspiratie. De druïdenwijsheid omvat niet alleen de werkelijkheid van de zintuiglijke wereld, maar erkent ook de noodzaak om onze zintuiglijke ervaring onder te dompelen in intuïtie en inspiratie. Pas als we aankomen bij de bron en eruit drinken, wordt ons leven volledig.

## WITTE WIJSHEID EN DE ZUIVERE JONGELING

In het Ierse verhaal van Fionn mac Cumhaill (Finn MacCool) leren we dat een jongeman, luisterend naar de naam Deimne, naar de oevers van de Boyne ging om te leren dichten. Hij vond er Finneces (witte wijsheid) die al zeven jaren zocht naar de Zalm der Kennis. De voorspelling was dat hij op zekere dag de zalm zou vinden en opeten en alles zou weten. Hij ving de vis inderdaad en gaf hem aan Deimne om te koken met de waarschuwing niets van het vlees te eten. Bij het koken spatte een druppel van de bouillon van de zalm op zijn duim. De jongen stak onmiddellijk zijn duim in zijn mond en verkreeg zo de wijsheid van de zalm. Finneces, de oude dichter, zag in dat de voorspelling eerder de jongen dan hem gold en noemde hem Fionn (de zuivere).

Aan de andere kant van het water, in Wales, vinden we een verhaal dat een opvallende gelijkenis vertoont. Een jongen, Gwion genaamd, moet op de grote kookpot passen waarin Ceridwen een brouwsel bereidt dat haar zoon Grote Kraai wijsheid moet brengen. Een druppel van het vocht komt op Gwions vinger en als hij ter verkoeling op zijn vinger zuigt, weet hij opeens alles. Ceridwen is witheet van woede en jaagt Gwion na in allerlei gedaanten. Uiteindelijk verstopt hij zich als graankorrel. Meteen verandert zij in een rode hen en slokt hem op. Als ze hem vervolgens baart, bindt ze de baby in een leren zak en gooit hem in de rivier. Gelukkig vindt Elphin de zak, drijvend in de zalmvijver van zijn vader; hij redt het kind en noemt hem Taliesin (Stralend Gezicht).

In de verhalen van Taliesin en Fionn mac Cumhaill komen we hetzelfde thema tegen. In beide verhalen ontvangt de jongen het geschenk van wijsheid onverwachts, terwijl zij die de belofte of voorspelling kregen, de wijsheid niet weten te bemachtigen. Deze verhalen laten zien dat we niet tot wijsheid kunnen komen door er koppig naar te streven. Wijsheid komt onverwacht tot de onschuldigen, de nederigen, de jongen die op de pot moet letten, en niet tot degene die de leiding heeft en belast is met de zoektocht.

## DE OUDSTE ALLER DIEREN

Zo belangrijk was de zalm dat hij gegraveerd is op de oude Pictische stenen van Schotland. Men zei dat de zalm van de magische hazelnoten gegeten had en dat wie ervan at zelf inspiratie zou ontvangen. De hazelnoten waren de oorzaak van de rode vlekken aan weerszijden van de zalm.

In het oudste Arthur-verhaal, *Culhwch en Olwen*, worden Culhwch en zijn gezellen naar steeds oudere totemdieren geleid totdat ze oog in oog staan met de oudste van allemaal, de Zalm van Llyn Llyw (het meer van de leider). De zalm, en hij alleen, kan het gezelschap leiden naar de Mabon, het goddelijke kind uit de druïdentraditie, de Orfeus, Christus of Apollo die eeuwige jeugd en kracht brengt.

De verhalen van Taliesin en Fionn verbinden jeugd met wijsheid en ook in dit verhaal van Culhwch en Olwen zien we dat jeugd en wijsheid onafscheidelijk zijn, want we hebben hier niet te maken met lichamelijke jeugd, maar met jeugdigheid van geest, een karaktertrek van de ware wijze, hoe oud ook. We krijgen ook enig inzicht in de manier waarop de druïden zich verjongden door jeugd in ouderdom te vinden, net zoals de jeugd de wijsheid van de ouderdom kan inzien. Dit werk werd later bekend als de zoektocht naar het levenselixer, de drank van de eeuwige jeugd.

# BIJ
## Beach

gemeenschap, viering, organisatie

De kaart laat een bijenkoningin zien die uitrust op een steen. Op de achtergrond zien we het huis waar de mede rondgaat te Tara, zoals het er wellicht uitzag op zijn hoogtepunt. De middagzon staat hoog aan de hemel en we zien *Ur*, heide, groeien bij de rots die het *Ur*-Ogham draagt.

**Beach** nodigt ons uit te vieren. Misschien om een speciale reden, misschien gewoon vanwege het wonder en mysterie dat leven heet. Wellicht drink je er een paar glazen mede bij, die – mits in Schotland gemaakt – de geur van heide in zich draagt en je dicht bij de geest van de Hooglanden brengt. De druïden hadden traditiegetrouw elke zes weken iets te vieren. Als mensen hebben we tijden nodig om samen te komen en van elkaars gezelschap te genieten. De bijen vertellen ons dat we in harmonie kunnen samenzijn, hoe onwaarschijnlijk dat soms ook lijkt. Door één te zijn met de natuurlijke omgeving, door de zon eerbied te betuigen, door ons leven te richten rond geest en godin, kunnen we in gemeenschap samenwerken.

**Omgekeerd** duidt deze kaart er wellicht op dat je je niet op je plaats voelt, onzeker van je rol in de wereld. Een bijenkorf functioneert harmonieus omdat elke bij precies weet wat hij moet doen, wat tot een hoge productiviteit leidt; bovendien speelt de bijenkorf een belangrijke rol in de plaatselijke ecologie. De bedrijvigheid en productiviteit van de bijenkorf is spreekwoordelijk. Als je gebrek aan motivatie hebt, of je afgezonderd voelt van je omgeving, kan een bijenmedicijn wellicht uitkomst bieden. Een hedendaagse natuurgenezer gebruikt bijensteken therapeutisch om astma en andere kwalen te genezen en het kan goed zijn jezelf tot actie aan te zetten voordat anderen dit doen. Als je vindt dat dit op jou slaat, denk dan na over je rol in het leven en neem een besluit in overeenstemming met je plannen en de daaruit voortvloeiende doelen. Bedenk dat de bij de waarde van organisatie kent, hard kan werken en weet hoe eer te bewijzen aan de godin en de zon. Bedenk ook dat de bij ons oproept het leven te vieren in de innerlijke erkenning dat we deel uitmaken van de gemeenschap van de hele natuur.

## De traditie van de BIJ

*Vraag de bij wat de druïden wisten.*
*Oudengels gezegde*

In de traditie van de druïden komt de bij uit de paradijselijke wereld van de zon en de geest. Zuiver afgestemd op de hemelse zonnestand, schenkt de bij de mensheid de gewijde zonnedrank van de mede.

Mede is een van de oudste alcoholische dranken ter wereld. Het is gemaakt van honing, water, mout en gist en wordt al minstens zesduizend jaar gebrouwen. Het werd, en wordt nog gedronken bij de viering van de acht seizoensfeesten der druïden, waarbij de mede rondgaat tot de laatste druppel is gedronken. De vergaderzaal aan het koninklijke hof te Tara heette *Tech Midchuarta*, het 'huis waar de mede rondgaat'.

De zon is in de traditie der druïden te zien als een manifestatie van de godin, want in de Keltische talen was het woord voor zon oorspronkelijk vrouwelijk. In het Iers en Schots is het dat nog steeds (*Grian* of *Griene*). De godin Brighid is de godin van de zon en het vuur en van bronnen en water. Het vuurwater mede is daarom een drank die haar alle eer aandoet.

### DE GESCHENKEN VAN DE BIJ

Honing is slechts een van de geschenken van de bij, die ook boen- en zegelwas levert. We weten niet zeker of de Kelten op de hoogte waren van de genezende werking van pollen en propolis, maar die zijn nu wel bekend, al kan de wetenschap de bestanddelen van propolis nog niet afdoende determineren. Bijen smeren het op hun korven tegen infecties en het heeft opmerkelijk genezende kwaliteiten.

Het is waarschijnlijk dat elk aspect van het leven van de bij is bestudeerd door de Kelten en de druïden. Niets werd over het hoofd gezien of verspild. De klassieke commentator Diodorus Siculus merkte op dat de Kelten het water waarmee ze bijenkorven schoonmaakten, opdronken. Vlees werd ingesmeerd met honing en zout en gebakken boven een houtvuur en ook zalm werd gebakken in honing.

De triaden der barden zeggen dat Brittannië het Eiland van Honing heette en dat Ierland werd geroemd om de zwermen bijen en overvloed aan honing. Een vroege Ierse tekst vergelijkt de inwoners van Munster met bijen en volgens sommigen dient de mythische koningin Medb van Connacht taalkundig te worden geassocieerd met bedwelming door mede. Als we Medb, Maeve of Mab zien als de koningin der feeën, wordt begrijpelijk hoe een aantal gulle slokken mede het 'diepere inzicht' kunnen helpen of de deelnemer kunnen bijstaan bij diens overgang naar het feeënrijk.

Een Ierse bard uit de tiende eeuw heeft een lyrische lofrede geschreven, *De hut van de kluizenaar* genaamd. De verrukkingen omvatten 'bier met kruiden, een veldje aardbeien, heerlijke overvloed; haagdoornbessen, taxusbessen, noten. Een kop mede van de goedgevige hazelaarstruiken, snel opgediend; bruine eikels, manden van heidewortel, met heerlijke bramen.' De schrijver laat ons een wereld zien waarin spiritualiteit en sensualiteit, ziel en lichaam, nog niet gescheiden waren.

### 'IK BEN DE KONINGIN VAN ELKE KORF'
*Het lied van Amergin*

Het zachte gezoem van bijen op een zomerse namiddag maakt ons slaperig. Het geluid brengt ons in dromenland, in het paradijs. De betekenis van het gezoem der bijen komt tot uiting in een woord als 'hommel'. In Wales noemde men een harp een *teillin*, een verbastering of afkorting van *an t-seillean* (een bij) en in een van de vroege triaden der barden uit die streek geeft de magische zeug Henwen, gewijd aan de godin, de geboorte aan een wolf, een adelaar, een poesje, een graankorrel en een bij.

De buitengewoon nauwkeurige zonnedans van de bij in het patroon van een lemniscaat is, zoals men nu weet, een middel om richting en afstand van rijke 'weidegronden' over te brengen aan andere leden van de gemeenschap. De druïden zien de dans als een gewijd eerbetoon aan de zon of zonnegod.

Zoals de druïden de dans der kraanvogels nabootsten, is het ook waarschijnlijk dat ze de bijendans imiteerden ter ere van de leven schenkende kracht van de zon.

De oude druïdenwetten van Ierland, bekend als de wetten van Brehan, beschermden bijen en hun korven en op het eiland Man stond op het stelen van bijen de doodstraf. De korf was een symbool van een volmaakte gemeenschap en dit beeld van volmaaktheid zien we terug in de korfgraven of initiatiekamers van Newgrange en Dowth in Ierland en in Spanje en Portugal.

Men zag de bij met zijn hoog ontwikkelde sociale structuur en uitzonderlijke productiviteit en effectiviteit, geheel gegroepeerd rond de koningin, als een symbool van de ideale samenleving – gericht op de godin en in gewijde dans eer betonend aan de zon, waarbij zij een amberkleurige substantie produceren uit de bloemen des velds en de bossen, die zowel kon voeden als op een goddelijke manier bedwelmen.

# OTTER
## Dòbhran

vreugde, spel, hulpvaardigheid

De kaart laat een otter zien, op jacht naar een zalm. Als lid van de wezelfamilie en verwant aan de bever, is de otter even goed thuis op het land als in het water. Een otter kan vier minuten onder water blijven en de ingang naar zijn huis op de oever ligt om veiligheidsredenen onder de waterspiegel. De otter gebruikt zijn spits toelopende, krachtige staart als roer en als werktuig bij het bouwen. Dankzij zijn poten met zwemvliezen kan hij erg goed zwemmen. Een otter leeft voornamelijk van vis en staat bekend om zijn speelsheid en vrolijkheid.

**Dòbhran** nodigt ons uit om te spelen, om 'met de stroom van leven en ervaring mee te gaan', om weer kind te worden. Gun jezelf de vrijheid en het plezier om uit te rusten en al je dagelijkse beslommeringen te laten voor wat ze zijn. Het kan zijn dat Dòbhran je uitnodigt een dag of weekeinde vrij te nemen, gewoon omdat je er zin in hebt. Je praktische zelf zal je zeggen dat je daar geen tijd voor hebt, maar diep in jezelf weet je dat je ervoor moet zorgen dat je voor anderen werkelijk wat waard bent. Misschien komt er zelfs iemand in je leven die je kan leren weer te spelen, iets wat je hebt verleerd toen je de verantwoordelijkheden van het volwassen leven op je naam. Dòbhran laat ons zien dat speelsheid zelfs kan leiden tot het vangen van de zalm, de vis die voor de druïden de totem van wijsheid is. Als je deze kaart trekt, is dit ook een bevestiging van het gevoel dat we werkelijk beschermd worden.

**Omgekeerd** kan deze kaart erop wijzen dat je probeert tegen de stroom in te gaan, dat je jezelf tegen de natuurlijke gang van zaken keert, uit angst of koppigheid. Probeer los te laten, ontspan je en heb vertrouwen in het leven. Hoewel Dòbhran ons aanspoort tot spel, dienen we er ook voor te waken dat we het spel niet als ontsnapping gaan zien, weg van de eisen en verantwoordelijkheden die het volwassen bestaan stelt.

## De traditie van de OTTER

*Meer van de gladde, bruine otter met zijn platte neus*
*soepel springend, vrijelijk vissend.*
Uit 'Deirdre Remembers a Glen'; Iers, veertiende eeuw

De otter is een gezinsdier. De jongen blijven langer bij hun ouders dan de meeste jonge dieren en als een otter sterft, rouwt de partner lange tijd. Daarom staat de otter symbool voor de kracht van familiebanden.

De otter is gewijd aan de Ierse zeegod Manannan mac Lir en velen hebben otterkoningen of 'meesterotters' gezien. Eentje zou in Dhu Hill (Zwarte Heuvel) zijn verschenen, waar hij werd vereerd door een honderdtal gewone otters. Een andere leefde in Sutherland en was helemaal wit, al zeggen sommigen dat hij grijsbruin was en een witte ster had. Volgens de Schotse overlevering zijn otterkoningen bruin en hebben ze altijd zeven zwarte otters bij zich als dienaren. Als je er een ving, vervulde hij elke wens voor zijn vrijlating. Toch maakten sommigen hen liever dood, want het dragen van de huid zou een krijger onoverwinnelijk maken. Gelukkig waren deze otterkoningen moeilijk te doden. Slechts een messteek op de juiste plaats, een kleine witte plek onder hun kin, goed bewaakt door de tanden, kon hen doden.

### HET VERHAAL VAN TALIESIN

Hoewel de otter gewijd is aan een god en koningen kent, is het dier ook gewijd aan de godin. Ceridwen, de grote moedergodin van de druïden, achtervolgde Gwion Bach als een otterwijfje toen hij aan haar probeerde te ontsnappen in de gedaante van een vis. Ten tijde van Arthur leefde Ceridwen met haar echtgenoot Tegid bij het Bala-meer. Ze hadden twee kinderen, een dochter Creirwy (de Geliefde) en een zoon Morfran (Grote Kraai). Haar zoon was zo lelijk dat Ceridwen besloot de boeken van de Pheryllt, de druïdenalchemisten, te raadplegen, zodat ze een brouwsel kon koken dat haar zoon alwetend zou maken. Door zijn verbazingwekkende kennis zou niemand meer aanstoot nemen aan zijn uiterlijk. Uit de boeken leerde ze dat ze een kookpot met kruiden een jaar en een dag moest laten trekken totdat ze de drie druppels van inspiratie verkreeg. Ze nam een blinde en zijn jonge helper Gwion Bach in dienst, die het vuur verzorgden, en na een jaar was de pot klaar voor de eerste drie druppels. Maar ze vielen in slaap en drie druppels spatten uit de pot op Gwion Bachs duim. Dat deed zeer, Gwion Bach stak zijn duim in zijn mond en werd alwetend. Ceridwen werd wakker, zag wat er gebeurd was en ontstak in woede. Gwion ontvluchtte in de vorm van een haas, maar Ceridwen werd een hazewindhond. Gwion rende naar de rivier en werd een vis, maar Ceridwen nam de gedaante aan van een otter. Toen veranderde hij in een vogel, maar zij was hem te slim af en werd een havik. Op het nippertje zag hij geoogste tarwe en werd hij een tarwekorrel, maar tevergeefs: Ceridwen zag met haar haviksoog de korrel, werd een kip en slokte de korrel op. Negen maanden later baarde ze een zoon, de grote bard Taliesin – Stralend Gezicht.

De Engelse ballade *The Coal Black Smith* vertelt een dergelijk verhaal, maar hier wordt de mannelijke hoofdpersoon een otter, een windhond en een spin, terwijl de vrouw een vis, een haas en een vlieg wordt.

## DE OTTER ALS VRIEND EN BESCHERMER

De otter en de vis zijn ideaal om de jacht te symboliseren, want otters zijn uitstekende vissers. In het Ierse verhaal *De reis van Maelduin* komen de zeevaarders aan het einde van hun reis aan bij het Ottereiland. Daar brengen de vriendelijke otters de mannen van Maelduin zalm, net zoals ze vis hadden gebracht naar de enige bewoner van het eiland. Hier is de otter een vriend van de mens en een voorbeeld van dienstbaarheid, naastenliefde en hulpvaardigheid. In erkenning van deze hulpvaardigheid, heeft de otter vele Keltische namen met het woord 'hond' erin: waterhond of -dog, bruine hond, zeehond.

De slanke otter voelt zich thuis in de twee vrouwelijke elementen water en aarde en staat voor vrouwelijkheid, vreugde en speelsheid. Net als de pad, de vos en de slang, draagt volgens de overlevering ook de otter een geheim krachtmiddel in zich – een juweel of parel in zijn kop.

Otterhuiden hadden een magische kracht en hielpen tegen verdrinking. Een zak van otterleer hield harpen droog en otterleer aan de binnenkant van een schild beschermde de krijger. De magische krachten van de otterhuid hadden ook een geneeskrachtige werking: de huid was een middel tegen koorts en pokken en stond voor een gunstige bevalling. Wie aan de nog warme lever van een net gedode otter durfde te likken, verkreeg het vermogen brandwonden te genezen door eraan te likken.

De otter biedt heling en bescherming, roept ons op tot het spel en zegt ons te ontspannen in de wetenschap dat de natuur voor onze behoeften zal zorgen. Het leven kan leuk en speels zijn. Als we onszelf minder serieus nemen, zullen we tot de ontdekking komen dat we met de otter de zalm der kennis kunnen delen.

# KOE
## Bò

voeding, moederschap, de godin

De kaart laat een Hooglander zien die vredig naast het rustige water van een Schots meer staat. Op de voorgrond zien we vossenbes (cranberry of koeienbes) en sleutelbloem (koeienlip). Rechts groeit melkkruid (veldgentiaan).

Bò opent ons voor het bewustzijn van de godin. Haar vrijgevigheid, haar helende en voedende kracht is alom aanwezig – in je vrienden en kinderen, in je eten en drinken, in je dromen en vooral in de natuurlijke omgeving waarin je zo gezegend bent te leven. Ze brengt bescherming tegen alle kwalijke invloeden. Door je op haar aanwezigheid af te stemmen, stel je je open voor de onschatbare zegen van de diepe, vredige slaap. Open jezelf voor Bò en haar gewijde kwaliteit als manifestatie van de godin op aarde en je verbindt je met de eeuwige stroom voedende energie die van de godin naar ieder van ons stroomt. Om dit te ervaren, hoef je niets te **doen**.

**Omgekeerd** vraagt deze kaart je wellicht te onderzoeken hoe je jezelf aan de wereld geeft. Als je denkt dat je hulpbronnen beperkt zijn, zal het je moeite kosten iets volledig vanuit je hart te geven. Als je echter weet dat je één bent met heel de schepping en de natuur, is het mogelijk volledig en vrijelijk te geven. Je kunt echter alleen geven als je ook in staat bent te ontvangen. Hoe gemakkelijk is het voor jou om de liefde en aandacht van anderen te ontvangen?

## De traditie van de KOE

*Bijen, zwak van kracht,*
*dragen met hun poten de bloemenoogst;*
*het vee brengt rijk stromende overvloed*
*naar de berg.*

*Iers, negende eeuw*

Rundvee is zo belangrijk voor ons bestaan dat het wel een geschenk van de goden moet zijn. In Groot-Brittannië worden heel wat legenden verteld over heilige kudden van wit rundvee en Ierland kreeg pas vee toen drie heilige koeien uit de zee oprezen en te Baile Cronin aan land kwamen. Een was rood, een was zwart en een was wit, waarmee we zien dat de koe de godin zelf is in haar drievoudige aspect van maagd (wit), moeder (rood) en oude vrouw (zwart). Hoewel ook goden koeien hadden – Manannan had zeevee en de vader-god Dagda had een vaars die Oceaan heette – was de associatie vooral met godinnen, zoals Boann – Zij van de Witte Koeien – die haar naam gaf aan de rivier en vallei van de Boyne in Ierland.

Brighid, de godin van de Briganten in Noord-Engeland, en een van de belangrijkste godinnen in de druïdentraditie, werd de meest vereerde godin in Ierland. In christelijke tijden werd ze Sint-Brigid. Daar ze opgroeide met de melk van een koe uit de Andere Wereld, nam ze de koe tot haar totem en was ze de schutsvrouwe van het rundvee.

Het feit dat de koe zo vereerd werd in Keltische streken en ook heilig is in India, ondersteunt de theorieën over een gemeenschappelijke Indo-europese achtergrond. Met haar gaven van melk en leer, hoorn en vlees, was de koe een bron van voeding op vele niveaus. In helend opzicht was de zoete adem van de koe goed voor vertering en was koeienvlaai een effectief papje voor brandwonden en zweren. Slapen met koeien was genezend en warm. Als je bescherming nodig had tegen het boze oog, volstond het om naar een plaats te gaan waar een koe had gelegen en daar met de wijzers van de klok mee driemaal omheen te lopen.

Koeien waren als gewijde dieren van levensbelang voor de menselijke economie en drie van de vier Keltische vuurfeesten waren aan hen gewijd. Bij het invallen van de winter op Samhuinn (1 november) leidde men het vee naar de valleien en hun winterverblijven. Dan vond ook de winterslacht plaats. Daartegenover stond Beltane op 1 mei. Dit markeerde het begin van de zomer. Dan werden de koeien naar de hoger gelegen weilanden gebracht. Maar eerst moesten ze tussen twee Beltane-vuren door om hen te reinigen en kracht te geven. Het Imbolc-feest op 1 februari was de tijd van het kalveren en lammeren.

## HET KOEIENPAD VAN DE STERREN

Als we de nachtelijke hemel bekijken, zien we de overvloed van de godin in de Melkweg, in Friesland en Lancashire het 'koeienpad' geheten. Op het platteland zien we hoe de oude veepaden ooit de voornaamste routes waren tussen de verschillende woongebieden.

De Kelten maten iemands rijkdom af aan het aantal stuks vee. Rente, bruidsschatten, begrafenissen en zelfs het honorarium van een bard betaalde men uit in vee. In Ierland vroeg men voor de zoon van een graaf 140 koeien losgeld, voor een koning duizend. Koeiendiefstal – koeien 'tillen' zeiden ze in Schotland – was daar een 'mannelijke en eerbiedwaardige zaak'. De Keltische taal laat associaties met koeien zien. Het Ierse woord *tain* betekent vee, roof en ook geestelijke bagage. Het Ierse verhaal *De veeroof van Cooley* was geschreven op een koeienhuid. Melkmeisjes zongen het tijdens hun werk, want ze wisten dat muziek en zang het melken vergemakkelijkten en de opbrengst vergrootten.

De koe stond als dier, gewijd aan de godin, dicht bij de Andere Wereld. De Schotse traditie verhaalt over toverkoeien (*Crodh Shith*) die onder de zeespiegel leven en zeewier grazen, of die op speciale plaatsen aan land komen. Er zijn bijvoorbeeld tien plekken op Skye waar ze graag komen. Sommige toverkoeien zouden afstammen van een waterstier. In Ierland sprenkelde men de eerste melkdruppels op de grond als geschenk aan de feeën. Het gebruik van melk als offer is diep geworteld in de volkstraditie. In Schotland vulde men sommige bekervormige merkstenen met melk voor de 'kabouters' en in augustus goot men melk uit over de heuveltoppen als geschenk voor de goden. Ook geloofde men dat een elfenvrouw, de *gruagach*, op het vee zou passen als men melk voor haar achterliet. In Bretagne baadde men van tijd tot tijd de staande stenen in melk.

## DE BESCHERMING VAN DE KOE

De voedingswaarde van koeienmelk en de associatie met moedermelk werd zo diep gevoeld, dat de koe beschermd moest worden tegen boze invloeden. Als een koe ziek werd, was ze wellicht getroffen door een elfenpijl. Om de koe te genezen maakte men een vuurtje door droog hout tegen elkaar te wrijven en men droeg dit met de klok mee rond het dier. Voetkluisters maakte men van takken van de lijsterbes en paardenhaar en het tuiertouw, het 'zegel' genaamd, was altijd inbegrepen bij de koop, zodat de magische bescherming van het zegel niet verbroken werd. Als koeienmelk niet wilde boteren of bloed bevatte, had het 'het boze oog' – was het besmet door boze krachten – en ging men er onmiddellijk toe over het dier te beschermen. Bepaalde kruiden, bewaard onder een schotel in de melkkamer, beschermden tegen het boze oog.

Melk had ook een helende werking. Toen de Ieren talloze manschappen verloren door de vergiftigde pijlen van de Britten, zei de Pictische druïde Trosdane tegen de Ieren dat ze een kuil moesten vullen met de melk van 150 withoofdige koeien. De gewonden namen er een bad in en waren op slag genezen.

Tot op de dag van vandaag is de koe met haar helende adem en voedzame *bladbach* – bloesemmelk – een manifestatie van de godin in de wereld.

# PAARD
## Each

de godin, het land, reizen

De kaart laat een grijze merrie zien met op de achtergrond de kalkrotsfiguur van het Witte Paard van Uffington, Oxfordshire. Op de voorgrond groeien merrie-erwten (waterdrieblad) en paardenstaart en, aan de linkerkant, hoefijzerwikke. Op een rots is het symbool van een sleutel uitgehakt en op een andere rots een ruiter te paard. De zon staat in volle glorie hoog aan de hemel.

**De geest van Each** roept ons op tot reizen. Dit kan zich uiten in een behoefte om in de fysieke wereld te reizen, maar wellicht voelen we ons ook aangetrokken tot een reis in het innerlijk. Het paard brengt ons energie en snelheid en verbindt ons met de kracht van het land en van de zon. De paardgodin is beschermvrouwe van de hele levenscyclus van geboorte, dood, leven na de dood en wedergeboorte. Door te werken met de geest van **Each**, maken we ons vertrouwd met elk deel van deze levenscyclus en beseffen we dat de godin ons in elk stadium beschermt en begeleidt.

**Omgekeerd** vraagt deze kaart je wellicht te kijken naar de wortels van onze rusteloosheid. Als we het moeilijk vinden op een plaats te blijven, een taak af te maken of rust te vinden, hebben we de stroom des levens en ons aandeel hierin misschien niet volledig geaccepteerd. Door ons af te stemmen op de geest van het paard kunnen we verbinding maken met ons gevoel voor onze plaats in de wereld, met de geest van het land onder ons en de hemel boven ons.

## De traditie van het PAARD

> Het ene paard was lenig en snel, krachtig en hoog van rug, lang van lijf en groot van hoef. Het andere paard had manen als een waterval, glansde en was slank en rank van hoef en hiel.
>
> Uit 'De veeroof van Cooley'

Deze twee paarden trokken de kar van de held uit Ulster Cu-Chulainn. Ze heetten Grijze Zee en Zwarte Meeuw. Grijze Zee was helderziend en toen ze de dood van haar meester voorzag, huilde ze tranen van bloed. Cu-Chulainn trok ten strijde in een strijdwagen van hout en wilgentenen, zoals vele Britse en Ierse krijgers nog deden toen deze krijgskunst elders al lang was afgeschaft. De Keltische gewoonte om in de strijd te koppensnellen – en de afgehakte hoofden aan hun paarden vast te maken – maakte hen ongetwijfeld tot geduchte tegenstanders.

In het pre-Romeinse Gallië en in Brittannië waren de paarden klein en pony-achtig. Men gebruikte ze als lastdier, voor de jacht en in de strijd. In Gallië werd het vlees ook gegeten. Het paard was net als schapen en rundvee een teken van welstand en de grote hoeveelheid begraven paarden en strijdwagens op rituele plaatsen wijzen op hun belang in de Keltische samenleving. Soms begroef men paarden samen met honden, wat kan wijzen op een jachtcultus, en soms gaf men paardentuig of delen van een paard, zoals tanden, mee in het graf. In de funderingen van huizen zijn paardenbotten aangetroffen, die ongetwijfeld geluk moesten brengen. De associatie van het paard met geluk zien we vandaag nog terug in het hoefijzer, waarvan men zegt dat het geluk aantrekt.

Omdat het paard heilig is en geluk brengt, beschermde men het tegen het boze oog. De druïden, en later ook de plattelandsbevolking, zegenen een paard door het driemaal met de zon mee rond een *cairn* (soort hunebed) te leiden die bekendstond als *Cairn Nan Each*. Om een paard tegen diefstal door heksen te beschermen, hing men 'heksenstenen' – vuurstenen met een natuurlijk gat in het midden – aan de nek van het paard. De heksen op hun beurt konden dan een magisch halster gooien over iemand die sliep, zodat deze gedurende één nacht paard werd.

## DE PAARDGODIN

De paardgodin Epona, waarvan het woord 'pony' is afgeleid, ontstond in Gallië. Ze was zo populair dat haar cultus overstak naar Brittannië en oostwaarts tot in Bulgarije kwam. Ze was de enige Keltische godheid van het Romeinse pantheon, waar haar feestdag 18 december was. In de Welshe traditie heet ze Rhiannon en in Ierland is zij aanwezig in de godinnen Macha en Etain.

Voor ruiters was de paardgodin ongetwijfeld een beschermvrouwe, maar voor burgers was ze de moedergodin die over de levenscyclus ging. In beelden van overvloed en vruchtbaarheid voedt zij op haar schoot twee veulens met koren. In andere afbeeldingen houdt ze een sleutel vast waarmee ze de doorgang naar de onderwereld en de Andere Wereld kan ontsluiten. Door zich in een paard te veranderen, droeg ze de zielen der gestorvenen naar de Summerlands of naar Hy Breasil, het Ierse paradijs in het Westen. Sommigen denken dat Brazilië hier haar naam aan te danken heeft. Als paard der doden is ze ook een spookdier en de opwekker van nachtmerries. In Schotland spookt de watergeest in meren en verschijnt soms als een gladde pony, die zijn rug aanbiedt om reizigers over te zetten. Als het slachtoffer eenmaal zit, duikt de watergeest als een afschrikwekkend monster met enorme tanden en lange woeste haren in de diepten van het meer om zijn berijder naar de onderwereld te brengen. Op Skye wordt verteld dat in sommige meren eenhoorns leven en dat in Loch Awe een palingpaard met twaalf benen zwemt.

## DE POORTEN VAN GEBOORTE EN DOOD

In de traditie der druïden symboliseert de tijd van Beltane, de paartijd, in mei de poort waarlangs de ziel in de wereld komt. Evenzo staat de tijd van Samhuinn, de dood, aan de andere kant van het jaar in november voor de poort waarlangs de zielen de wereld verlaten. Deze twee doorgangen zijn wezenlijke momenten in de levenscyclus. De paardgodin opent de poorten van het leven op Beltane en laat een stroom van bruisende energie los, waardoor mannen zich als hengsten voelen en vrouwen hen ook zo noemen. Als de poorten met Samhuinn sluiten, draagt de godin de ziel naar het hiernamaals, terug naar de Zomerlanden om hernieuwd te worden.

De associatie van de paardgodin met de levenscyclus van geboorte, dood, leven na de dood en wedergeboorte wordt bevestigd in het rituele stokpaardjes-rijden op Samhuinn of Beltane. De *Hobby Horses* (stokpaardjes) van Padstow en Minehead luiden mei in, terwijl de *Hodden Horse* (boers paard) en

*Wild Horses* (Wilde Paarden) van Cheshire en Shropshire en de *Mari Lwyd* van Wales de winter inluiden. Op grond van de relatie met de levenscyclus en daarmee de seksualiteit, staat het paard niet alleen voor menselijke vruchtbaarheid, maar ook voor de kracht en vruchtbaarheid van het land zelf. In Ierland huwden sommige koningen symbolisch met een witte merrie om hun eigen soevereiniteit te verenigen met de kracht van het land. Alsof ze ons besef van de verbinding van het paard met het land wilde versterken, kerfde de bevolking grote afbeeldingen van het paard in de kalkheuvels van Engeland.

    Het paard symboliseerde de kracht van het land, maar was ook nauw verwant aan de zon. Als zonnedier trok het de zonnewagen op zijn hemelreis en droeg daarbij de wagen niet alleen op aan de godin, maar ook aan de zon en zonnegod. Aan wie ook gewijd, het paard verschaft ons de kracht en het vermogen te reizen, in deze wereld of in de volgende. En met hoefijzers kan het paard zelfs nog verder en sneller reizen. In de Keltische wereld werden paarden voor het eerst beslagen en de smid was een belangrijk persoon. Een oude wet uit Wales stelt dat bij elk feest de smid de eerste dronk mag nemen. In Ierland gaf de smidgod Goibhniu een feest dat de gasten onsterfelijk maakte. Door ons naar Hy Breasil en weer terug te brengen, geeft het paard ons inderdaad de mogelijkheid te ontkomen aan de beperkingen van de sterfelijkheid.

# WINTERKONINKJE
## Drui-en

nederigheid, slimheid, god

Op de kaart houdt een winterkoninkje een veertje in zijn bek. Het past op een nest met eieren. Volgens de overlevering heet het nest van een winterkoninkje een 'druïdenhuis'. In een bliksemstraal is Taranis aanwezig, de god van donder en bliksem, de eik en het winterkoninkje. Het Ogham-teken op de steen staat voor *Duir*, de eik.

**Drui-en** staat ons toe in alles iets te zien van de schoonheid van god of de godin. Het zegt ons dat 'klein fijn is' en dat zelfrealisatie niet schuilt in grootsheid of zichtbare macht, maar in nederigheid, zachtheid en subtiliteit. Slimheid is, mits verzacht door humor en goede bedoelingen, een manier om iets groots te volbrengen met een minimum aan inspanning en een rationeel en eerlijk gebruik van de prestaties van anderen.

**Omgekeerd** kan dit betekenen dat je misschien moet kijken of je nederigheid en zachtheid je in feite onzichtbaar maken voor anderen. Gebruik je deze kwaliteiten om jezelf te verdedigen tegen het leven en anderen, in plaats van het leven en alle problemen het hoofd te bieden? Misschien is het ook goed te kijken naar de manier waarop je je slimheid, je aangeboren vernuft, gebruikt.

Maar al te gemakkelijk kun je misbruik maken van het werk van anderen door daarop voort te bouwen, net zoals slimheid niet hoeft te leiden tot welwillendheid, maar kan ontaarden in kwaadaardigheid. Bedenk dat het verhaal van het winterkoninkje en de adelaar ook zo gelezen kan worden, dat het winterkoninkje een achterbakse parvenu is die naïef denkt anderen om de tuin te kunnen leiden en munt wil slaan uit zijn list. Als handigheid en voortborduren op het werk van anderen van waarde wil zijn, heeft men wijsheid en eerlijkheid nodig.

## De traditie van het WINTERKONINKJE

*Een vogeltje zei me...*
*Traditioneel gezegde*

Het winterkoninkje was voor de druïden het meest vereerde vogeltje. In Ierland noemde men het een *Drui-en*, een druïdenvogel. In het Welsh betekent het woord *Dryw* zowel druïde als winterkoninkje.

Waarom wordt de druïde afgeschilderd als een ogenschijnlijk nietig vogeltje en niet als een machtige adelaar? Het volgende verhaal uit de westelijke Schotse Hooglanden geeft ons het antwoord. Alle luchtvogels kwamen bijeen en besloten dat de heerschappij over de gevederde stam zou gaan naar de vogel die het hoogst kon vliegen. Favoriet was natuurlijk de adelaar, die onmiddellijk hoog naar de zon opsteeg, vol vertrouwen dat hij de koning der vogels zou worden. Toen hij hoog boven zijn mededingers uit cirkelde, riep hij met machtige stem zijn koningschap uit over alles wat vleugels had. Maar opeens verscheen het winterkoninkje, dat zich in de adelaarsveren had verstopt. Het vloog een paar centimeters boven de adelaar uit en piepte met luide keel: 'Vogels, kijk omhoog en aanschouw je koning!'

### HET SLIMME WINTERKONINKJE

Dit verhaal laat zien dat het winterkoninkje slim bouwt op het werk van anderen en hun trots aan de kaak stelt door hen op het laatste moment te overtroeven.

De sjamaan stond bekend als de 'slimme man' en zo ook de druïde-sjamaan, de man die onzichtbaar kan worden als het winterkoninkje en op de rug van de adelaar zijn bestemming kan bereiken zonder energie te verliezen. Door klein te zijn, valt hij niet op en kan hij gaan waar grotere mensen niet komen. Zo kon Alice haar Wonderland ontdekken. Trots maakt ons onwendbaar, als we klein en nederig zijn kunnen we door het oog van de naald.

De Bretonse druïden geven het winterkoninkje een nog grotere rol in hun vogelverhalen. Ze zeggen dat het winterkoninkje het vuur uit de hemel bracht. Toen ze in de buurt van de aarde kwam, vatten haar vleugels vlam en gaf ze het vuur over aan het roodborstje, dat eveneens vlam vatte. Uiteindelijk bracht de leeuwerik redding door de gave van het vuur naar de aarde te brengen.

Het huis van de druïde is het nest van het winterkoninkje, een prettige en veilige plaats, want een ander belangrijk symbool van de druïde is het ei. Het Druïdenei, beroemd gemaakt door Plinius' opmerkingen, herinnert ons eraan dat we door incubatietijden heen moeten om te groeien en te veranderen, dat we ons moeten terugtrekken uit de wereld om hervormd te worden in de baarmoeder van tijd. Men zei dat de bliksem het nest van het winterkoninkje beschermde. Als je zo'n nest eieren of jonge vogels wilde stelen, werd je huis getroffen door de bliksem en verschrompelden je handen. De bliksem was in de ogen van de druïden het wapen van de dondergod Taranis, die vaak in eikenbomen woonde. Het winterkoninkje was gewijd aan Taranis. Een eikenboom, getroffen door de bliksem, is het symbool van de verlichte druïde, de wijze die de kracht van de hemelvader in zich krijgt. De Pictische stenen uit Schotland dragen hetzelfde beeld uit met hun zigzaglijnen van de bliksem.

## DE JACHT OP HET WINTERKONINKJE

Op het eiland Man gaat het verhaal van een elfenmeisje of zeemeermin die jongeren de zee in lokte. Een van hen wierp een speer naar haar. Om deze te ontwijken, veranderde ze zichzelf in een winterkoninkje, maar elke nieuwjaarsdag moest ze haar ware gedaante weer aannemen. Dan was ze een prooi voor de jagers die haar konden doden. De veer van een winterkoninkje was een amulet dat zeelieden beschermde tegen de verdrinkingsdood en niemand op het eiland Man ging de zee op zonder zo'n veer.

De traditie van het winterkoninkje jagen vond plaats op nieuwjaarsdag, totdat het feest van het winterkoninkje werd verplaatst naar St. Stephen's Day op 26 december. Nu was het winterkoninkje een god of koning in plaats van een zeemeermin, want het vogeltje werd ritueel opgejaagd en gedood in de veronderstelling dat de dood van een god de moordenaar kracht gaf. Dit is een variant op het geloof dat de krachten van de oude koning bij zijn dood overgaan op zijn opvolger.

De gewoonte op zo'n klein vogeltje te jagen, is niet prettig en we zien hierin een misvorming van een oude druïdentraditie. Het winterkoninkje staat voor wijsheid en goddelijkheid. Het is moeilijk een winterkoninkje te zien. Op nieuwjaarsdag trok de leerling-druïde in zijn eentje de velden in op zoek naar verborgen wijsheid, op dezelfde manier waarop een indiaan op *vision quest* gaat. Als hij een winterkoninkje vond, was dat een teken voor zegening met innerlijke kennis voor het komende jaar. Het vinden van een klein en schuw vogeltje was een metafoor voor het vinden van de moeilijk zichtbare goddelijkheid in alles wat leeft.

Op een gegeven moment werd, met de overgang van heidendom naar christendom, de gevonden godheid gedood, zoals Jezus in Jeruzalem was gedood. De christelijke traditie in Groot-Brittannië en Frankrijk staat bol van de folklore rond de jacht op het winterkoninkje, optochten door de straten, het zingen van 'The wren's knell' en ander lijkzangen, en de rituele begrafenis ervan.

De hedendaagse druïde houdt zich onder andere bezig met het graven onder onze christelijke erfenis om de schoonheid en het leven dat onze voorchristelijke voorouders zagen in de natuur en al haar schepselen, weer op te eisen.

# WATERDRAAK
## Draig-uisge

passie, diepte, verbinding

De kaart laat de *Stoor Worm* zien, een grote zeedraak met 'een hoofd als een berg en ogen zo diep en donker als ronde meren'. Hij leefde bij de kust van Noord-Schotland en was alleen te kalmeren door elke zaterdag zeven maagden met vastgebonden handen en voeten op een rots aan de kust te leggen. De jonge Assipattle doodde hem door met een boot bij hem binnen te varen en zijn lever in brand te steken. Toen de draak stierf, vormde de inslag van zijn tong de Baltische Zee. Zijn tanden werden de Orkney-eilanden, Shetlandeilanden en de Faeröer. Zijn lichaam krulde ineen en verdween in de zee en volgens sommigen is dit IJsland, met de nog brandende lever onder de smeulende korst.

**Draig-uisge** maakt het verborgene zichtbaar. Herinneringen en gedachten die al lang vergeten zijn of onderdrukt worden door het onbewuste, kunnen boven komen drijven of je overweldigen met hun ogenschijnlijke negativiteit of vernietigingsdrang. Als je dit soort ervaringen met medeleven en moed het hoofd biedt, ervaar je uiteindelijk een grotere diepte in je ziel en een sterker gevoel van verbondenheid met het hele leven. Al word je soms overweldigd door gevoelens, gaandeweg wordt het mogelijk een zeker gevoel van evenwicht en stabiliteit te krijgen en worden deze sterke gevoelens een deel van je bewustzijn.

**Omgekeerd** waarschuwt deze kaart ons om voorzichtig te werk te gaan als we onze ziel en ons verleden willen onderzoeken. Het bewuste zelf kan slechts een beperkt deel van je onderdrukte of onbewuste gevoelens verwerken en bewust maken. Het is verstandig stukje bij beetje te werken en steeds iets van je onbewuste te integreren in het bewuste. Genezing en heelheid kun je maar beter langzaam bewerkstelligen. Zorg ook dat je gevoelens je niet zo gaan beheersen dat je er later spijt van krijgt.

## De traditie van de WATERDRAAK

Op zondagmorgen ging Lambton
vissen in de Wear.
Hij ving een vis aan zijn haak,
die bevreemdde hem maar zeer.
Wat voor vis hij gevangen had,
Lambton wist het niet.
Naar huis brengen kwam niet te pas,
dus gooide hij hem in een plas.

*Uit 'The Lambton Worm'*

Net zoals het leven ontstond uit de oerdiepten van de oceaan, zo begon de draak als een 'worm', een lange slang of palingachtig wezen, soms gehoornd, dat leefde in plassen, meren of de zee. Later ontwikkelde de mythologie zich en kreeg de worm kleine vleugels en twee voeten en werd hij de Wyvern, om uiteindelijk een volwassen draak te worden met vier voeten, grote geribde vleugels en een staart met weerhaken.

Sommige wormslangen verlaten hun waterige woongebieden en rollen zich om heuvels, het landschap terroriserend, maar andere blijven in het water en raken bekend als zee- of watermonsters, zoals het befaamde monster van Loch Ness. Het eerste verslag van een ontmoeting met dit wezen gaat over Sint-Columba die een vriend redde toen deze over de rivier de Ness zwom. Het monster dook op, sperde zijn muil wijd open en Columba riep: 'Gaat niet verder, noch raakt deze man aan. Gaat heen, onmiddellijk.' Het monster gehoorzaamde.

Het monster van Loch Ness is niet enig in zijn soort: ook de draaikolken van de rivier de Taff bij Cardiff en het Llyn-y-Gader-meer in Snowdonia staan bekend om hun wormslangen en waterdraken die snel iedereen verslinden die zo ongelukkig is in het water te vallen, slechts een bloedrode draaikolk achterlatend.

### DE WORM VAN LAMBTON

Andere wormslangen trokken van het water naar het land. Lambton, uit County Durham, ontdekte de Lambton Worm als jongetje toen hij aan het vissen was in de rivier de Wear. Het hierboven aangehaalde volksliedje maakte het monster onsterfelijk. Lambton vond zijn vreemde, palingachtige vangst maar niks en gooide het dier terug in een bron. Hij vergat de hele geschiedenis, tot hij jaren later terugkeerde van de kruistochten. Toen ontdekte hij dat de worm 'groeide en groeide en zo groot geworden was' dat hij niet meer in de bron leefde, maar ''s nachts ronddoolde om her en der wat te kapen. Als hij dorst had onderweg, molk hij een dozijn koeien,' aldus het volksliedje. Na zich te goed te hebben gedaan aan kalveren en lammeren, kinderen en schapen, krulde hij zich tien keer om Lambton Hill heen en ging slapen.

Lambton liet een speciaal harnas maken, voor en achter voorzien van ijzeren zwaarden. Hij ging op een rots staan, midden in de rivier, en blies op zijn hoorn. De worm werd wakker, gleed van de heuvel naar de rivier en wilde Lambton verpletteren. Maar de zwaarden sneden diep in de worm en hij viel in stukken in de rivier.

### DOORGANGEN NAAR DE ANDERE WERELD

Of de draak nu volgroeid is en vuur spuwt, of zijn wormvormige oervorm heeft bewaard, de verhalen gaan bijna altijd over water – een rivier, een bron, een plas, een meer, een moeras en de zee. Water, en vooral de bron ervan, was heilig voor de druïden, want ze zagen zulke plekken als doorgangen naar de onderwereld of de Andere Wereld. Aangezien de draak een wezen uit de Andere Wereld is, is het logisch dat hij uit een doorgang komt. Psychologisch gezien staat het water voor het onbewuste en duiden uit het water opduikende monsters op onopgeloste complexen, onderdrukte en verwrongen verlangens en begeerten die naar boven komen. De vernietigende waterdraak is een prachtig voorbeeld van een destructief deel in ons binnenste dat, om geheeld te worden, een transmutatie moet ondergaan die te zien is als een symbolische dood.

Men zegt dat in het meer Knucker Hole te Lyminster, Sussex, meer dan duizend jaar een woeste draak leefde. Gevoed als het was door een sterke ondergrondse bron, dacht men dat het meer geen bodem had (in werkelijkheid is het ongeveer tien meter diep) en de verblijfplaats was van Knucker de Draak. 's Nachts trok de draak eropuit en vrat de koeien en paarden uit de moerassige Arun-vallei op. Vervolgens ging hij op de verhoogde weg zitten en 'likte hij iedereen op die langskwam, zoals een pad vliegen van een steen likt'.

Een jongen uit de buurt, Jim Puttock, bakte een grote en onverteerbare pudding en voedde die aan het monster. Toen deze op de grond rolde van de maagpijn, onthoofde Jim de draak. Het niet gemarkeerde graf van Puttock de Drakendoder is nog steeds te zien in de kerk van Lyminster. Het verhaal had de didactische ondergrond om kinderen van een gevaarlijke plek weg te houden en verbindt een oud mythologisch thema met plaatselijke humor: de 'Sussex-pudding' ligt erg zwaar op de maag.

Aarde- en luchtdraken zijn meestal onschuldig als je ze niet stoort en het land of de lucht is ook zelden een bedreiging voor ons. Maar de elementen vuur en water kunnen wel gevaar opleveren en de waterdraak kan ons overmeesteren in emotie en verdrinken in medelijden of zelfmedelijden. Als we er vriendschap mee sluiten en de draak meer zien als bondgenoot dan als vijand, is hij een brenger van passie, medeleven, sterke gevoelens en een waarachtig gevoel van verbondenheid met de hele mensheid en de hele natuur.

# AARDEDRAAK
## Draig-talamh

AARDEDRAAK

kracht, mogelijkheden, rijkdom

We zien een opgerolde slang die een grote schat in zijn hol bewaakt. Een oude inwoner van het dorp Penllyne in Wales, die omstreeks de eeuwwisseling is gestorven, wist zeker dat zijn vader en zijn oom zulke draken gedood hadden. Hij had ze in zijn jeugd gezien. Als ze opgerold lagen te slapen, 'zagen ze eruit of ze bedekt waren met allerlei juwelen. Sommige hadden een borst die schitterde met alle kleuren van de regenboog.' Als je ze stoorde, gleden ze snel 'glimmend en wel' naar hun schuilplaatsen.

**Draig-talamh** brengt ons oog in oog met ons ideaal. In ons hebben we een schatkamer vol rijkdom – mogelijkheden en kracht – die we kunnen leren gebruiken. In het verleden ontzegde de schatbewaarder ons wellicht de toegang. Maar nu begrijpen we dat deze soms grimmige oppasser niets anders is dan een aspect van onszelf. Door Draig-talamh te leren kennen en ervan te leren houden, kunnen we de geheimen van ons hart ontsluiten en tegelijk de schoonheid en de kracht ontdekken die verborgen ligt in de harten om ons heen en in de aarde zelf.

**Omgekeerd** kan deze kaart erop duiden dat je op de een of andere manier niet goed omgaat met je innerlijke reserves en mogelijkheden. Draig-talamh bewaart vol vuur de schatten van je ziel, maar hij is wel je bondgenoot, niet je vijand. Probeer niet hem te doden en hem de schat te ontnemen. Het kan tijd kosten vriendschap te sluiten met dit dier dat zo lang in je ziel heeft liggen slapen. Een te snelle poging je talenten te gelde te maken of je mogelijkheden te benutten, kan onverstandig zijn.

## De traditie van de AARDEDRAAK

De draak zal in de tumulus zijn, oud, rijk aan schatten.
*Beowulf*

Aan de voet van de grote kalkfiguur van het Witte Paard van Uffington ligt Dragon Hill, de Drakenheuvel. Volgens de legende heeft Sint-Joris hier de draak verslagen en is de grond tot de dag van vandaag giftig van het drakenbloed. Daarom zijn sommige plekken van de heuvel kaal en zonder gras. Ook heeft men beweerd dat de gestileerde figuur van het paard, dat naar de heuvel kijkt, in feite een afbeelding van de draak is. Juist of niet, het feit blijft dat paard en draak dezelfde associatie hebben met de energie van de aarde, de kracht van het land.

Sommige legendarische draken zijn sterk verbonden met slechts een van de vier elementen, maar vele hebben zonder enig probleem de kenmerken van alle elementen: ze slapen in waterpoelen, rollen zich overdag op rond heuvels, vliegen door de lucht en braken vuur uit wanneer ze maar willen. Ze zijn in wezen alchemisch, en ze zeggen iets over de energieën en krachten die in ons en in het landschap om ons heen leven.

Dat landschap verandert voortdurend en sommige geleerden stellen dat de druïden hun eigen versie van geomantrie bedreven, een kunst die in China bekendstaat als *Feng shui*. Deze natuurlijke kunst om harmonie in het landschap te creëren, betekent dat je rekening moet houden met de aardstralen of drakenlijnen die het land doorkruisen. De kunst is te weten welke fysieke kenmerken je moet veranderen of toevoegen om de grootste harmonie te bewerkstelligen, een harmonie die esthetisch en energetisch het gunstigst is. Zo gezien, worden drakenlijnen tot leylijnen of energiestromen, en staat het 'temmen van de draak' gelijk aan geomantrie bedrijven of aan de wichelroedetechniek van 'aarde-acupunctuur', waarbij men ijzeren staken in de grond drijft om schadelijke stromingen te beheersen of om te leiden.

## DE BEWAKERS VAN DE GRAFHEUVELS

In oude tijden richtte men grafheuvels en oogstheuvels, steencirkels en losse staande stenen op met een gevoel van eerbied voor het land en in het bewustzijn van de spirituele kracht die daarmee verbonden was. Als men een grafheuvel met kostbare grafgeschenken vulde om de dode krijger of het stamhoofd te begeleiden, riepen de druïden hoogstwaarschijnlijk waakgeesten op om op de schat te letten, net zoals de Egyptische priesters geesten opriepen om de schatten van de koninklijke graven te beschermen en grafschenners af te schrikken. Mettertijd raakten deze geesten bekend als monsterachtige draken die op hun schatten zaten. Voorbeelden hiervan zijn de grafheuvels 'Dragon's Hoard' te Oxfordshire, de Old Field-grafheuvels te Shropshire, de Drakelow-grafheuvels in Derbyshire en Worcestershire en de 'Drake Howe'-grafheuvel in Yorkshire. Te Walmsgate – een verbastering van 'Wormsgate' – in Lincolnshire ligt zelfs een langgerekte grafheuvel die de botten zou bevatten van een daar gedode draak.

## DE VERBORGEN SCHAT EN DE INNERLIJKE ZOEKTOCHT

Niet alleen in grafheuvels zijn schatten te vinden. Ook schatten in heuvels werden door een draak bewaakt, zoals de Wormelow Tump in Herefordshire en de Money Hill op Gunnarton Fell in Northumberland. Onder de heuvelvesting van Cissbury, Sussex, uit de ijzertijd, ligt een grote goudschat die via een ondergrondse gang van drie kilometer te bereiken is. Niemand heeft het goud echter kunnen vinden, want halverwege de tunnel houden twee draken de wacht.

In Wales leeft het geloof in draken die schatten bewaken meer dan in Engeland, maar daar wonen ze liever in de dichte wouden of op eenzame bergen dan in graf- of andere heuvels. Wat opvalt in de verhalen is dat aardedraken, in tegenstelling tot de vuur-, lucht- en waterdraken, nauwelijks of geen contact hebben met mensen. Niemand probeert hen te doden en ze zijn evenmin bezig het land om hen heen te verwoesten. Nee, ze liggen stil en verborgen, totdat iemand ze stoort. Hoewel ze in de verhalen niet wreed zijn, dragen ze als een sluimerende vulkaan toch het potentieel van dreiging en gevaar in zich, mocht iemand hen wekken. Misschien hebben we allemaal zo'n draak die onze innerlijke rijkdommen bewaakt. De draak zorgt ervoor dat niemand de grote schat van ons diepste innerlijk komt schenden en kan zelfs ons eigen wakkere bewustzijn de toegang weigeren tot dit reservevat vol kracht en mogelijkheden.

De aardedraak ligt niet alleen in de grot, heuvel of grafheuvel, maar ook eromheen. De spiraal of het labyrint is een krachtig symbool van de zelfontdekking, de spirituele queeste. De verhogingen op de hellingen van heuvels als de Glastonbury Tor of de Bignor Hill in Sussex, laten soms deze spiraalvorm zien. Volgens de legende over de Linton-draak ontstond de spiraalvorm van Wormington Hill toen de draak zich in zijn stervensweeën om de heuvel rolde en deze samenperste tot zijn huidige vorm.

    Er bestaat een verband tussen de draak die sluimert, opgerold rond de heuvel of de grot van het hart, en het wezen dat we ontdekken in het centrum van het labyrint of de spiraal. Beide zijn aspecten van onszelf en kunnen we zien als bewakers van de drempel. Beide moeten gerespecteerd en bemind, maar ook op de proef gesteld worden en in zekere zin worden overwonnen. Soms hebben deze symbolen een klassieke vorm met zeven ringen, zoals in de graveringen uit de zesde eeuw in Hollywood (Ierland) en Tintagel (Cornwall), soms gaan ze slechts driemaal rond, zoals in de veel oudere vindplaatsen van Newgrange in Ierland of Achnabreck in Schotland, maar over het algemeen is men het erover eens dat ze de reis verbeelden die de ziel maakt naar en uit de incarnatie. Als we de drakenwacht van de schatkamer van de ziel en van de Andere Wereld oprecht en nederig benaderen, kan deze ons door het labyrint van het hart van de wereld leiden, zodat we daar de inspiratie en moed kunnen vinden om in tijd en plaats herboren te worden.

# LUCHTDRAAK
## Draig-athar

inspiratie, inzicht, vitaliteit

De kaart laat ons een van de draken van Beli zien die hoog boven de magische stad Dinas Affaraon in Snowdonia vliegt. In de verte herinnert een bliksem ons eraan dat Draig-athar een van de dienaren van de hemelgod is.

**Draig-athar** kan als een bliksemflits in je ziel en verstand inslaan als je hem ontmoet. Wees dus op je hoede. Draig-athar kan zich soms voordoen als een heldere flits en je gedachten en verbeelding inzicht en helderheid verschaffen. Hiermee is een aanzienlijke hoeveelheid kracht gemoeid en je kunt de luchtdraak zien als een symbool van visitatie, want hij is de boodschapper van de hemelgod.

**Omgekeerd** kan deze kaart erop wijzen dat je ondergeschikt dreigt te worden aan een idee, een dogma of geloof. Soms kan het contact met spirituele ideeën en energieën het verstand zo stimuleren dat teleurstelling, begoocheling en misleiding het gevolg zijn. Om dit te vermijden is het essentieel dat je je ideeën steeds weer toetst aan de alledaagse wereld van relaties, mogelijkheden en beperkingen.

# De traditie van de LUCHTDRAAK

De grimmige wolf en de gevleugelde slang
heersten over de vallei.
*Polwhele*

Ergens in de bergachtige streken van Snowdonia in Wales liggen de resten van de oude stad Emrys, de verblijfplaats van de druïden-alchemisten die bekendstaan als de Pheryllt. In Wales kende men deze ambrozijnen stad ook als Dinas Affaraon, de 'Stad van de Hogere Machten'. Hier woonden de draken van Beli, een van de oergoden van Brittannië. De bard Taliesin beschrijft een van deze draken in zijn gedicht *Bescherming van het Honingeiland*: 'Een diepe grot opent zich voor me, overschaduwd door grote rotspartijen. De draak komt eruit en kruipt naar de bekers van de liederen.'

Vanuit grotten, hoog uitstekend boven het landschap, kwamen de draken tevoorschijn alsof ze de wagen van de godin Ceridwen trokken, maar de meeste luchtdraken zag men frank en vrij, in hun eentje rondvliegen. In Devon geloofde men dat er elke nacht een luchtdraak door de Exevallei vloog, tussen de heuvelversterkingen van Cadbury en Dolbury Hill door. Hij bewaakte de daar begraven schatten. Meer vliegende draken zag men in Devon te Winkleigh, Challacombe bij Exmoor en bij de tinmijn te Manaton. De laatste was niet groter dan een mens maar kon zo hard sissen dat je het kilometers in de omtrek kon horen.

Te Henham in Essex, zag men verschillende keren een draak van zo'n drie meter groot met grote ogen, scherpe tanden en belachelijk kleine vleugels. Uiteindelijk vloog de draak het bos in. In Somerset vloog een vuurspuwende draak regelmatig over de moerassen van Curry Rivell naar Aller, de dorpelingen angst inboezemend met de 'sis van zijn vleugelslag'.

Sommige schrijvers suggereren dat de baan waarlangs de draken vliegen overeenkomt met de 'drakenlijnen' van aardenergie die door het landschap lopen en soms heilige plaatsen met elkaar verbinden. Anderen stellen dat de lichtende koppen en donkere gevorkte staarten van kometen die langs de aarde scheren, voedsel gaven aan de volksverhalen over vuurspuwende draken. De drakenverhalen kunnen niet zijn ontstaan uit herinneringen aan de tijd van de dinosauriërs, want zestig miljoen jaar scheiden de laatste dinosauriër van de eerste mens op aarde. Wellicht zijn sommige verhalen verzonnen door smokkelaars om de mensen weg te houden van hun schuilplaatsen in grot of bos. Ook ontsnapte reptielen uit exotische dierentuinen kunnen verhaalstof leveren. Verder misleidden schrijvers en uitgevers bewust een al te volgzaam lezerspubliek en we kennen verhalen waar een gevaarlijk everzwijn of een kwaadaardige landeigenaar uit effectbejag is afgeschilderd als een draak. Maar geen van deze verklaringen kan afdoende aannemelijk maken waarom de draak in mythes en folklore wereldwijd – en ook bij de Kelten en druïden – zo'n belangrijke rol speelt.

## DRAIG-ATHAR ALS DIENAAR VAN DE HEMELGOD

Er zijn echter ook aanwijzingen dat sommige hemelse draken poëtische of verzonnen interpretaties zijn van ongewone hemelverschijnselen. Tornado's kunnen akelig 'levend' overkomen en de draken van Longwitton in Yorkshire en Torrylin op Arran zouden beide in staat zijn geweest te veranderen in wervelwinden. Een verslag uit die tijd beschreef het jaar 793 als een jaar waarin 'afschrikwekkende waarschuwingen kwamen van de inwoners van Northumbria, die de mensen zeer bang maakten. Dit waren immense lakens van licht die door de lucht ruisten, wervelwinden en vurige draken die door de hemel vlogen.' Duizend jaar later zagen vele plattelandsbewoners in Schotland 'uiterst ongewone verschijningen in de lucht, die ze draken noemden. Ze waren vurig rood van kleur, kwamen op in het noorden en vlogen razendsnel naar het oosten.' Of we nu geloven of deze verschijnselen in werkelijkheid verklaarbaar zijn als meteorieten, bolbliksems, de *aurora borealis* of UFO's, we kunnen hiermee desondanks niet ook de verhalen rond de aarde- en waterdraken verklaren, noch de verhalen over hemelse draken die duidelijk niets te maken hebben met hemelse verschijnselen.

Zulke verhalen kent men in Wales. Te Penmark Place in Glamorgan spraken mensen vaak over de strooptochten van de gevleugelde slangen of draken in die streek. In de bossen bij het nabijgelegen Bewper woonden een 'drakenkoning en -koningin' en in Penllyne kon een oude man, toen hij in 1900 werd ondervraagd, zich herinneren dat ze over hem heen vlogen 'met heldere, uitgespreide vleugels en soms ook met ogen als de veren in een pauwenstaart'. Hij hield vol dat het verhaal waar was en 'geen bakerpraatje om de kinderen bang te maken'. Omdat ze kippen stalen, hadden zijn vader en oom er verschillende gedood.

In de druïdentraditie is de vliegende draak een wezen van de hemelgod, wellicht afstammend van het sterrenstelsel Draco, dat rond de Poolster draait. Deze draak staat voor de afdaling van de geest, een visitatie vanuit een andere wereld, een uitnodiging om de vleugels uit te slaan naar hogere bewustzijnsniveaus. Als donder en bliksem kan hij verschrikkelijk zijn en vernietiging brengen als hij wakker wordt. Maar als je hem met respect behandelt en als bondgenoot voor je wint, is hij een goede gids op reis in de geesteswereld, om nog verder te reizen op de zoektocht naar verlichting.

# VUURDRAAK
## Draig-teine

verandering, meesterschap, energie

De kaart verbeeldt de vuurspuwende draak uit het visioen van koning Uther. In de verte zien we Glastonbury Tor. Volgens een legende was er een geheime grot in de Tor die misschien werd gebruikt voor initiaties. Vuurspuwende draken bewaken vaak zulke holten om te voorkomen dat ze ontwijd worden door wie te gretig is en om ervoor te zorgen dat de schatkamer alleen opengaat voor wie het waard is. Op de voorgrond ligt op een rots een gouden torque, de Keltische halsband die wijst op een hoge status, leiderschap en meesterschap.

**Draig-teine** brengt vitaliteit, enthousiasme en moed en vergroot het vermogen hindernissen te nemen en de energie te vinden die nodig is om de problemen van het leven aan te kunnen. Met de machtige vuurdraak als bondgenoot kom je op een lijn met kwaliteiten als leiderschap en meesterschap. Vuurdraak zal voorzichtig je innerlijk vuur voeden, zodat je het met de precisie van een laserstraal kunt richten om je taken te vervullen en je doelen te bereiken.

**Omgekeerd** zegt deze kaart dat je wellicht veel woede onderdrukt. Daardoor heb je niet de macht over je levensenergie. Misschien heb je het gevoel dat deze energie niet te beheersen is, zodat hij zonder waarschuwing losbarst en altijd net onder de oppervlakte smeult. Of misschien lijkt die energie versnipperd of verwaterd te zijn. Heb je vaak gebrek aan energie en levenslust? Vind je het moeilijk ergens warm voor te lopen of gemotiveerd te raken? Of heb je juist te veel spanningsenergie die je opgewonden maakt, zodat je niet kunt slapen, je ontspannen of concentreren? Of je nu te veel of te weinig energie hebt, een harmonieuze relatie met de vuurdraak zal je helpen. Als je te weinig energie hebt, is het wellicht goed de vuurdraak te vragen je iets meer te geven van de schat die hij bewaakt. Als je energieniveau te hoog is, is het goed het omgekeerde te vragen. Vraag de draak of hij iets van je energie goed en vurig wil bewaken, zodat je zeker weet dat je er toegang toe krijgt als je het echt nodig hebt. Draig-teine kan gevaarlijk zijn als een vulkaan, maar als je de innerlijke woede die zo lang onderdrukt is, eruit laat komen om er in een therapeutische omgeving mee aan de slag te gaan, kan het een machtige bondgenoot worden.

## De traditie van de VUURDRAAK

*Hij is het die, vuurspuwend, grafheuvels zoekt,*
*hij, de gladde, kwaadaardige draak die 's nachts vliegt,*
*omhuld in vlammen. Allen vrezen hem zeer.*
*Beowulf*

De vader van koning Arthur, Uther, had eens een visioen van een vuurspuwende draak. Zo sterk was het visioen dat hij onmiddellijk zijn druïden om uitleg vroeg. Dezen vertelden hem dat het zien van een vuurspuwende draak betekende dat hij koning zou worden. Daarop nam hij de naam 'Pendragon' aan, wat 'hoofd van de draak' betekent. Hiermee werd de draak het heraldisch embleem en het totemdier van de belangrijkste tak van Britse koningen, de Pendragons.

Deze gebeurtenis, helemaal aan het begin van het verhaal over Arthur, geeft ons de aanwijzing die we nodig hebben om de betekenis van de vuurdraak te begrijpen. Elk der vier draken van water, aarde, lucht en vuur staat voor energie en kracht, maar elk gaat hier op een andere manier mee om. Uiteindelijk zal ons gezegd worden deze vier verschillende vormen van 'drakenenergie' in ons wezen op te nemen en in balans te brengen. De energie van de vuurdraak hangt samen met koningschap, leiderschap en meesterschap.

Daarom konden de druïden het visioen van Uther zo nauwkeurig uitleggen. Men zegt dat zijn zoon Arthur een gouden draak op zijn helm droeg als teken van zijn positie en sindsdien is de vuurdraak steeds een symbool van gezag en macht geweest.

## MERLIJN EN DE TWEE DRAKEN

Volgens de legende ontstond de vlag van Wales, waarop zo'n draak staat, in de tijd dat koning Vortigern ontdekte dat hij zijn vesting niet te Dinas Emrys kon bouwen, omdat de stenen funderingen steeds weer bezweken. Merlijn, die toen nog een jongeman was en Emrys heette, werd aan het hof ontboden, waar hij, geholpen door zijn mystieke visie, uitlegde dat twee draken onder in een meer onder de vesting aan het vechten waren. Hierdoor stond alles op zijn grondvesten te trillen. De ene, een rode draak, vertegenwoordigde de Britten, de andere, een witte draak, de Saksen. Koning Vortigern gaf opdracht de grond af te graven om te zien of Merlijn gelijk had. Men vond de twee draken, die meteen gingen vechten. Uiteindelijk won de rode draak en dit werd het embleem van Wales.

Niet alle draken zijn dapper en spuwen vuur. Vooral aardedraken zijn passief en brengen hun tijd slapend en inactief opgerold om of in tumuli of heuvels door. Maar vuurspuwende draken zijn meestal wel actief en afschrikwekkend. Een voorbeeld is de draak die in de kasteelruïnes leefde van Newcastle Emlyn in Wales of de draak van Challacombe in Exmoor. Een andere draak terroriseerde de dorpelingen van Bisterne in Hampshire en Somerset had er twee: een in Kingston St. Mary en een bij Curry Rivell. Op gezette tijden vloog de laatste over de moerassen naar Aller en verschroeide alles en iedereen met zijn vurige adem. Volgens een oud verhaal 'vluchtten melkmeisjes bij het eerste geluid van zijn vleugelslag ... Mensen leefden in verschrikkelijke angst voor een afschuwelijke dood. Ten slotte kwam een dappere ridder, John Aller, hen redden. Hij besmeerde zijn lichaam met pek en zette een masker op, zodat de adem van de draak hem niet kon deren. Hij wapende zich met een speer en doodde de draak. Zelf stierf hij onmiddellijk daarna, verschroeid door de adem van de draak. De speer die hij gebruikte is vandaag de dag nog te zien in de kerk van Low Ham.

## NWYVRE – HET VUUR VAN DE DRAAK

De draken in deze verhalen zijn kwaadaardig, maar in de traditie van de druïden is de draak neutraal: of de draak goed- of kwaadaardig is, is afhankelijk van onze voorbereiding. Niet alle kennis is voedsel voor iedereen, niet iedereen kan het hele machtsspectrum aan. De gevaren van kennis of macht die in verkeerde handen valt, zijn bekend. De vuurdraak is slechts kwaadaardig als iemand hem benadert die zich niet heeft voorbereid of niet sterk genoeg is om de aanwezige energieën te hanteren. Het gevolg daarvan kan een 'burn-out' of zenuwinzinking zijn. De vuurdraak bewaakt de schat van het innerlijk vuur dat in ons allen brandt. De druïden noemen het 'drakenvuur' of *Nwyvre*, maar het is beter bekend onder de oosterse naam *kundalini*. Dit vuur circuleert door al onze psychische centra of chakra's. Als je het te vroeg wekt door middel van drugs of verkeerde esoterische technieken, kan het leiden tot geestelijke onbalans en zelfs geestesziekte. Geen wonder dat de draak die deze kracht bewaakt, een woeste draak is. Het misbruiken van zijn kracht heeft zeer ernstige gevolgen.

# ZEEHOND
## Ròn

liefde, verlangen, dilemma

Een grijze zeehond ligt op de kust van het heilige eiland Iona, dat ooit bekendstond als *Isla Na Druidneach*, het Eiland der Druïden. Een fletse regenboog staat boven de Atlantische Oceaan en aan de horizon zien we de contouren van het onbewoonde eiland Dutchman's Cap.

**Trek** deze kaart, en alle zeehondenvolkeren van de zee roepen je. De *Dan nan Ròn*, het lied van de zeehonden, verontrust en verschrikt menigeen die het hoort. Hun gezang klaagt en klinkt zo menselijk dat het de luisteraar diep in het hart raakt. Het is een roep uit de zee, uit de diepten, uit het onbewuste. Het roept ons vanuit de wateren van onze geboorte, vanuit onze aanvang op aarde, vanuit onze broeders en zusters in het dierenrijk, die dichter bij ons staan dan we beseffen. We zijn bang voor deze roep omdat we erin kunnen verdrinken, overspoeld door onze gevoelens. Maar laat je verstand je hart niet opsluiten, zoals de mens zijn selchie-echtgenote, de magische zeehond, opsluit. Als je jezelf openstelt voor de aansporingen van het onbewuste, het vrouwelijke, je dromen en je verlangens, valt transformatie, heling en liefde je toe.

**Omgekeerd** wijst deze kaart erop dat je misschien op een punt bent aangekomen waar je een dilemma onder ogen moet zien. Elke richting betekent gevaar en eventueel verlies en toch weet je dat je moet kiezen. De zeehond spreekt van het verlangen van het hart, van echte liefde, van een gevoel van menselijkheid en goedheid. Uiteindelijk zullen dit de factoren zijn die je keuze bepalen. De zeehond staat voor eenzaamheid en afscheiding, zoals de selchie gevangen is op het droge, maar bedenk dat er een tijd zal komen dat ze wordt bevrijd en zal optreden als gids en gezel door de waterige wereld van de emoties en de onderwereld.

## De traditie van de ZEEHOND

> Kijk ver naar het noordoosten
> naar de schitterende oceaan,
> wemelend van leven,
> het huis van de zeehonden
> die schitteren en dartelen in de stroming.
>
> *Iers, negende eeuw*

Zeehonden hebben een sterke en speciale band met de mens. Men zegt dat sommige families zelfs afstammen van de vereniging van mens en zeehond, in het bijzonder de Clan MacCodrum uit North Uist en de Coneely's, Cregans en Hennessy's uit Ierland. De O'Sullivans uit Kerry stammen ook van zeehonden af, net als de MacNamara's, wier naam 'zonen van de zeehond' betekent. Als je wilt weten of iemand zeehondenbloed door de aderen heeft stromen, hoef je slechts de rots te bekijken waarop die persoon heeft gezeten: 'Hoe warm het ook is, hoe droog ook de kleren die men draagt, de rots zal vochtig zijn als de persoon opstaat en bij verdamping kristallen zeezout vertonen.' (Uit *De mensen van de zee*, door David Thompson.)

Op plaatsen waar de zeehond een gewone verschijning is, zoals de Orkney- en Shetlandeilanden en de westkust van Ierland, doen vele verhalen de ronde over deze dieren, die ooit voorzagen in vlees, olie voor verlichting en als geneesmiddel, en die de huiden verschaften voor waterdichte laarzen en kleren. Hoewel de plaatselijke gemeenschappen op de zeehond jaagden, klonk vaak de waarschuwing dat het doden van een zeehond ongeluk bracht.

Er zijn zeer veel verhalen over zeehonden die mensen hielpen, door hen een lift te geven, vis als geschenk aan te bieden of door drenkelingen te redden. Wie op zijn beurt zeehonden hielp, kon rekenen op voorspoed, net zoals degenen die op hen jaagden, vervloekt werden.

Het meest verbreide geloof was en is misschien nog steeds, dat sommige zeehonden zich tot mens kunnen omvormen. Op de Faeröer gelooft men dat deze omvorming meestal tijdens midwinter plaatsvond, op de Orkney-eilanden 'op de zevende stroom', de zevende dag van een negendaagse periode van springvloed die tweemaal per jaar plaatsvond, in maart en op Lughnasadh in augustus. Deze gebeurtenis vond ook wel tijdens midzomer plaats, een tijd die bij de druïden ook bekendstond als *Alban Heruin*, het Licht van de Kust.

De kust vertegenwoordigt de magische grens tussen deze wereld en de Andere Wereld, die net als de getijden steeds heen en weer gaat. De zee is voor de Kelten en druïden een manier om de Andere Wereld te benaderen en uit die zee komen speciale zeehonden, de selchies of silkies, aan land om voor een tijdje mens te worden.

'ONHEIL OVER DEGENE DIE MIJ SLAAT, WANT IK BEN EEN NOBELE VROUW UIT EEN ANDER LAND'

*Uit de Songs van John MacCodrum*

In Ierland wordt het verhaal verteld over een man, Declan genaamd, die op een ochtend aan de kust in slaap viel nadat hij twee uur lang kokkels én krabbetjes had gevangen. De klank van vreemde, betoverende muziek maakte hem wakker en tot zijn verbazing zag hij twaalf mensen die hand in hand in een cirkel zingend heen en weer wiegden. In het midden stond een oude man. Toen het zingen stopte, trokken ze hun glimmende zilveren jassen uit, legden de jassen op de rotsen en vertrokken in zes paartjes om op het strand de liefde te bedrijven. Declan rende naar de steen en nam een van de jassen, want ze waren erg mooi. Even later kwamen de stelletjes terug om hun jassen te pakken, dat wil zeggen, allen behalve één vrouw. Ze keek bang om zich heen, totdat ze Declan zag staan in de schaduw van een rots. Onbevreesd reikte ze hem haar hand met zwemvliezen en legde hem uit dat ze tot het zeehondenvolk behoorde, de laatsten van de Ròn. Eens in de honderd jaar kwamen ze aan land om kinderen te verwekken die zich ook in twee werelden konden begeven. Zonder haar mantel kon ze niet terugkeren naar de zee. Declan trok zijn mes om met haar af te rekenen, maar een oude mannetjes-zeehond schoot haar te hulp, sloeg en beet Declan en liet hem bewusteloos achter op het strand. De zomer daarop joeg Declan bij eb op krabbetjes, maar hij ging te ver in zee, gleed uit over een rots en verdronk.

## DE SELCHIE-ECHTGENOTE

Andere verhalen vertellen over de selchie-vrouwen die met mannen paren die vervolgens hun huid verstoppen. Ze krijgen kinderen en voeden hen op totdat ze op een dag de verstopte huid terugvinden in een kist of hooirek. Dan komt de moeilijke beslissing: moeten ze terugkeren naar hun zeefamilie (want ze hebben vaak ook zeehondenkinderen) of blijven ze aan land? De roep van de zee is het sterkst en ze trekken hun zeehondenhuid aan en gaan zo snel mogelijk naar de oceaan. Vaak beloven ze hun mensenkinderen te voorzien van vis en laten ze elke avond een portie achter op een rots. Soms is de man de selchie en worden de kinderen zeehonden. *The Grey Selchie of Sule Skerrie*, een ballade uit de Orkney-eilanden, begint zo: 'Ik ben een man op het land, een selchie in zee.'

Er zijn mensen die beweren dat de selchies de betoverde kinderen zijn van koning Lochlann en in Ierland kent men de legende dat de zeehonden ontstonden toen een man, Kane genaamd, moest paren met negenhonderd-en-een vrouwen om een bijzonder mooie koe te bemachtigen van de god Balor. Om de koe op te halen had hij een kind nodig, de andere negenhonderd wierp hij in zee en zij werden de eerste zeehonden.

HOOFDSTUK DRIE

# HET GEBRUIK VAN DE KAARTEN

De wijsheid van de slang zij met je,
De wijsheid van de raaf zij met je,
De wijsheid van de trotse adelaar.
De stem van de zwaan zij met je,
De stem van de honingbij zij met je,
De stem van de zon en de sterren.

*Gaelic zegening; Schots*

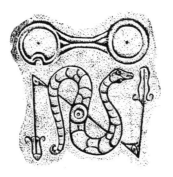

*Slang en Z-vormige stok, in steen uitgehouwen, Aberdeenshire*

Het Dierenorakel voorspelt niet de toekomst, het biedt wel ideeën en suggesties die je inzicht kunnen geven in je eigen leven en in de gebeurtenissen om je heen. Deze inzichten kunnen je helpen de verantwoordelijkheid voor je leven te nemen, in plaats van gelaten je 'lot' af te wachten.

Het is belangrijk eerst te weten hoe je geestelijk en emotioneel in het leven staat, voordat je de kaarten ter hand neemt, want dit zal de uitslag beïnvloeden. Hiervoor zijn drie oorzaken. Allereerst moet je jezelf, of het orakel, een vraag stellen. Het soort vraag en de manier waarop je deze formuleert, zal afhangen van je stemming van het moment. Ten tweede zal de manier waarop je het antwoord interpreteert afhangen van je geestelijke en emotionele stemming. Ten derde vindt er ongetwijfeld een wisselwerking plaats tussen je onbewuste zelf en het orakel. Onbewust word je sterk beïnvloed door je gedachten en gevoelens. Het kan zelfs zo zijn dat je onderbewustzijn het antwoord op de vraag al weet en je leidt in je keuze van de kaarten.

Om deze drie redenen is het belangrijk dat je het orakel gebruikt als je redelijk kalm bent en helder kan denken. Het vergt enige bedrevenheid, intuïtie en gezond verstand om de kaarten uit te leggen en toe te passen op jouw leven of dat van een ander. Als je er niet goed bij bent, is het mogelijk dat je gedachten blijven haken op een paar woorden of zinnen van de geschreven toelichting die je vervolgens voor de absolute waarheid houdt, in plaats van ze uit te leggen in het kader van je leven. Als je dit doet, weet dan dat jij hiervoor verantwoordelijk bent en niet het orakel.

Waarschijnlijk zul je je in het begin houden aan de toelichtingen uit dit boek. Naarmate je meer leert over de traditie rond elk dier en meer mediteert over elke kaart en – wie weet – het dier tegenkomt in je dagelijkse dromen en visioenen, kun je komen tot je eigen uitleg van iedere kaart. Dan ben je niet meer afhankelijk van de uitleg die hier gegeven wordt.

## HET BEGIN

Om het beste uit het orakel te halen, moet je er zeker van zijn dat je redelijk afstand kunt nemen en objectief kunt zijn, zodat je de tekst kunt afwegen tegen je eigen intuïtie en kennis en je de relatie tussen de kaarten in het legpatroon kunt duiden. Sommige mensen willen vooraf even wat tijd voor zichzelf hebben om in de juiste stemming te komen. Een kaars of een paar keer diep ademhalen met de ogen dicht kan helpen om los te komen van de dagelijkse zorgen en beslommeringen.

Je kunt ook proberen om net als de druïden de aarde onder je te voelen: sta jezelf een diep gevoel van verbinding met de aarde toe en word je dan bewust van de hemel boven je terwijl je je richt op je adem. Zo kun je je openstellen voor de energie van de aarde en de hemel, die samenkomen in het midden van je lichaam (de zonnevlecht). Open na enige tijd je ogen en begin met de lezing van de kaarten.

## GEWIJDE RUIMTE – DE CIRKEL DER DRUÏDEN

De cirkel is zeer belangrijk in de druïdenleer. De druïden zien alles in het leven, het hele leven, de aarde en ons individuele zelf, als een cyclus. Druïden komen samen en werken in cirkels. De cirkel is een gewijde ruimte waarin de geest wordt uitgenodigd. Vanuit die ruimte kan de druïde naar verschillende stadia van bewustzijn reizen. De verschillende segmenten van de cirkel hebben verschillende attributen, die zowel onszelf als de horizon om ons heen vertegenwoordigen. Sommige van deze attributen staan hieronder. Een vollediger beeld van de rijkdom van het druïdisch concept van de cirkel is te vinden in *De Druïden, de herleving van een traditie*.

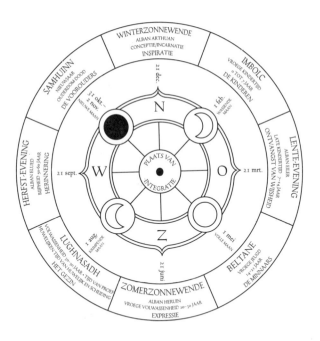

*De druïdencirkel*

Sommige plaatsen op aarde worden al duizenden jaren gezien als gewijde plaatsen. In Groot-Brittannië alleen al zijn de resten van meer dan duizend steencirkels te vinden. Maar we kunnen ook altijd onze eigen gewijde cirkel maken, in huis of in de tuin. Het bij dit orakel behorende kleed kun je gebruiken om de kaarten in te bewaren en om ze te leggen. Het ontwerp is zodanig, dat je de kaarten op een gewijde cirkel kunt leggen die mettertijd zal groeien in kracht en vermogen om je intuïtie te wekken.

### HET STELLEN VAN DE VRAAG

Het is belangrijk dat je in gedachten een duidelijke vraag stelt voordat je het orakel raadpleegt. Het is verleidelijk dit gedeelte over te slaan, maar als je het moeilijk vindt een vraag te stellen, kun je je afvragen waarom dat zo is. Misschien heb je geen vraag, maar wel behoefte aan advies of begeleiding. Prima, het verzoek tot begeleiding is je vraag! Maar vaak gebruik je het orakel omdat iets je dwarszit. Het eerste stadium van het formuleren van de vraag hoort bij het proces van het raadplegen van het orakel. Het zal je probleem verduidelijken en je helpen de kaarten nauwkeuriger te interpreteren.

### HET SCHUDDEN VAN DE KAARTEN

Neem de kaarten ter hand en verwijder eventuele blanco kaarten. Draai de helft om en schud de kaarten dan goed, terwijl je de vraag in gedachten houdt. Door omgekeerde kaarten te gebruiken, heeft het orakel zesenzestig mogelijkheden in plaats van drieëndertig. Sommige mensen zijn bang dat omgekeerde kaarten 'slecht' zijn of 'ongeluk' betekenen. Dat is bij het Dierenorakel niet het geval. Meestal houdt een omgekeerde kaart een grotere uitdaging in.

### HET KIEZEN VAN DE KAARTEN

Leg alle kaarten met de afbeelding naar beneden op een rij:

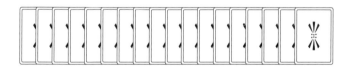

Of houd de kaarten in je linkerhand, coupeer van rechts naar links driemaal van onderaf en leg de stapeltjes – 1, 2, 3 – van rechts naar links weer op elkaar – 1, 2, 3 –, zodat stapeltje 1 nu bovenop ligt en 3 onderop.

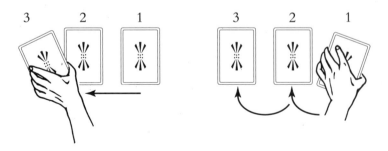

De linkerkant staat voor het onbewuste en bij de meeste mensen stuurt de rechterhersenhelft, de meer intuïtieve kant, de linkerhand. Bij sommige mensen (meestal linkshandigen) werkt het omgekeerd en misschien gebruiken zij voor bovenstaand schudpatroon liever de rechterhand, van links naar rechts werkend.

Bij de eerste methode kies je de kaarten een voor een uit het rijtje en vul je zo het patroon met kaarten. Bij de tweede methode pak je de kaarten van de stapel van bovenaf, beginnend met de bovenste kaart.

Beide methoden geven de geest van je onbewuste de mogelijkheid de juiste kaarten te kiezen. Bij de eerste methode door een kaart uit het rijtje te zoeken, bij de tweede methode door de hierboven beschreven manier van schudden: de plaats waar je de kaarten coupeert, is bepalend.

## DE VERSCHILLENDE LEGPATRONEN
### LEGPATROON MET ÉÉN KAART

De eenvoudigste manier om met het orakel te werken is om de kaarten als hierboven beschreven te schudden en er een kaart uit te kiezen. Je vraag bij het schudden en uitkiezen kan een eenvoudige en algemene zijn, zoals: 'Kan ik voor de komende dag wat inspiratie ontvangen?' of specifieker, zoals: 'Wat houdt me tegen?' of: 'Naar welk stuk van mijn leven moet ik nu kijken?'

Het werken met één kaart is een uitstekende manier om bekend te raken met de gewijde dieren en hun betekenis en geeft ook inzicht voor een dagelijkse meditatie. Lees de interpretatie en de bladzijden over de volksgebruiken betreffende het gekozen dier door, en kijk of het mogelijk is je open te stellen voor enige boodschap die het dier je komt brengen. Misschien kun je het ruiken, voel je de adem of kun je de vacht of veren aanraken als je naar de kaart staart of het dier met gesloten ogen visualiseert. Stukje bij beetje kun je zo met elk dier een relatie opbouwen en zullen je lezingen vollediger en intuïtiever worden. Uiteindelijk wordt het orakel een dialoog met de geest van het dier, of – als je meer kaarten gebruikt – een bijeenkomst van dierengidsen.

## LEGPATROON MET DRIE KAARTEN

Het patroon met drie kaarten is geschikt voor situaties waarbij je inzicht wilt krijgen in het waarom en in de gevolgen op zowel emotioneel als lichamelijk vlak. Kies drie kaarten uit en leg ze als volgt:

De eerste kaart vertegenwoordigt de oorzaak, de dynamiek, de impuls, de achterliggende gedachte of het motief achter een situatie of gebeurtenis. De tweede kaart vertegenwoordigt het gevolg ervan op emotioneel, relationeel en sociaal niveau en de derde kaart geeft het effect weer op fysiek niveau, als tastbare uiting in je lichaam of in de concrete wereld.

# HET AWEN-LEGPATROON

Awen betekent letterlijk 'stromende geest' en is een druïdenwoord voor goddelijke inspiratie of zegening. Dit legpatroon is een uitwerking van het patroon met drie kaarten, waarbij je negen kaarten uitlegt en zo het Awen-symbool van drie lichtstralen maakt:

Je legt de kaarten op de volgende manier in drie rijen van drie kaarten:

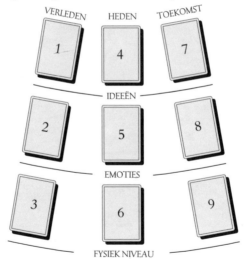

De straal aan de linkerkant vertegenwoordigt het Verleden, de middelste het Heden en de rechtse de Toekomst.

Net als in het legpatroon met drie kaarten, vertegenwoordigen de bovenste drie kaarten de achterliggende ideeën, impulsen of dynamica, staan de middelste kaarten voor de emotionele effecten en geven de onderste drie kaarten het fysieke niveau van uitwerking weer. Je kunt dit patroon het beste pas leggen als je het legpatroon met drie kaarten volledig begrijpt.

## HET LEGPATROON DER ELEMENTEN

Dit legpatroon is geschikt als je inzicht wilt krijgen in de aspecten van je Zelf die ontwikkeling of een beter evenwicht kunnen gebruiken, of de terreinen van persoonlijke ontwikkeling, waaraan je wellicht meer aandacht moet schenken. Leg de kaart die je Zelf in potentie voorstelt, in het midden en vier kaarten eromheen voor elk der windrichtingen:

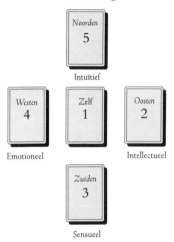

De kaart in het oosten houdt verband met je verstandelijke, mentale leven. Het zuiden verwijst naar je sensuele, instinctieve leven. De kaart in het westen duidt op je emotionele leven, je gevoelsleven. Het noorden geeft je intuïtieve, spirituele leven weer. Kijk vooral ook naar de relatie tussen de kaarten onderling.

## HET LEGPATROON VAN DE GEESTEN VAN DE CIRKEL

In de traditie van de druïden erkent men zes factoren die invloed hebben op wie we zijn en de richting die we in ons leven kiezen.

Onze genen beïnvloeden ons. Deze invloed heet in de gewijde cirkel de collectieve geest van onze voorouders. Ook de cultuur waarin we zijn opgegroeid, heeft een grote invloed op ons. Het symbool hiervoor is de geest van de stam. De tijd van geboorte en de tijd waarin we nu leven zijn eveneens van groot belang. In de gewijde cirkel geeft de geest van tijd dit weer. Waar we geboren zijn en waar we nu leven, beïnvloedt ons leven ook: de geest van plaats. Deze vier invloeden horen bij en zijn specifiek voor onze huidige incarnatie.

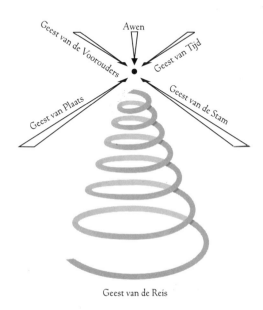

Geest van de Reis

Maar ook de totale ervaring van onze vorige levens werkt op ons in. Deze invloed heet de geest van de reis en is soms sterker dan alle andere invloeden samen. Tot slot is er de Awen, de 'gave/zegening/genade der goden', waarover we weinig zeggenschap hebben. Zie *De druïden, de herleving van een traditie* als je meer wilt weten over deze manier om het Zelf te begrijpen.

We kunnen het legpatroon van de geesten van de cirkel gebruiken om inzicht te krijgen in de invloeden op ons leven. Het patroon kan ons aanwijzingen geven hoe we de gaven of uitdagingen van elk der zes krachten het best kunnen benutten. Leg de kaarten in het volgende patroon in de gegeven volgorde, te beginnen met de kaart die het Zelf aanduidt:

Het eerste voorbeeld van een uitgewerkt legpatroon (zie blz. 164) maakt duidelijk hoe je met dit patroon kunt werken.

## HET LEGPATROON VAN DE HAARD

Je kunt dit patroon gebruiken om inzicht te krijgen in elke situatie of gebeurtenis, maar het is vooral geschikt voor zaken die te maken hebben met huis of relaties. Het patroon is geënt op het druïdensymbool voor de geest van het huis of de haard. In Bretagne is dit patroon uitgekerfd in steen te vinden (zie voor meer details *The Book of Druidry*):

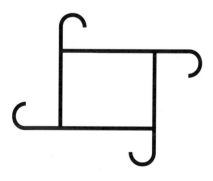

De kaarten worden als volgt gelegd:

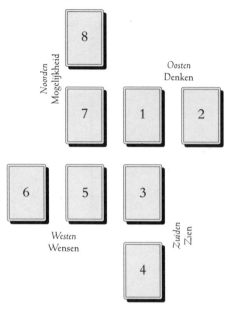

De kaarten vertegenwoordigen de volgende aspecten van de situatie of gestelde vraag:

| | | | |
|---|---|---|---|
| OOSTEN | 1 en 2 | **Denken** | De manier waarop jij over jezelf of het onderwerp denkt. |
| ZUIDEN | 3 en 4 | **Zien** | De manier waarop anderen jou of het onderwerp zien. |
| WESTEN | 5 en 6 | **Wensen** | Hoe je wilt dat jij bent of het onderwerp is. |
| NOORDEN | 7 en 8 | **Mogelijkheid** | Hoe jij of het onderwerp kan zijn. |

Het tweede voorbeeld legt uit hoe je met dit patroon kunt werken.

# HET ARIANRHOD-LEGPATROON

Arianrhod is de druïdengodin van het wiel, de cirkel en het spinnenweb. Het spinnenweb symboliseert het levensweb. De spin is gewijd aan de godin en vertegenwoordigt het weefproces, ook een idee dat centraal staat in de rituelen en lessen van de druïden. In dit legpatroon ligt de eerste kaart, die het Zelf voorstelt, in het midden. Er liggen acht kaarten omheen in een volgorde die met de wijzers van de klok meegaat en begint in het NW, de plaats van het nieuwjaar der druïden, Samhuinn.

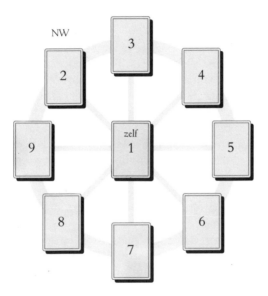

Dit legpatroon kan inzicht geven in het komende of afgelopen jaar. Het is een ideaal legpatroon voor de seizoensvieringen, zoals Samhuinn, traditioneel een tijd voor waarzeggerij. De volgorde van de kaarten kan ook op een andere tijdcyclus dan een jaar slaan. Stel je voor dat de kaarten op een web of wiel liggen en let vooral op de onderlinge relatie.

## INTERPRETATIE VAN DE KAARTEN

Voor de interpretatie van de kaarten heb je allereerst de sleutelwoorden en uitleg uit het tweede hoofdstuk nodig. Trek je een omgekeerde kaart, lees dan zowel het eerste als het tweede deel van de tekst. Het kan ook goed zijn het tweede deel te lezen als je kaart niet omgekeerd ligt: soms staat dat deel voor een 'schaduwkant', een verborgen aspect van het onderwerp in kwestie.

Om het orakel te begrijpen, kun je het zien als een uitdrukking van het totaal van je wezen, inclusief de mogelijkheden daarvan. Je kunt elke kaart zien als een facet van een diamant met drieëndertig vlakken. Elke kaart geeft symbolisch een facet weer, een deel van jezelf. Als je een lezing doet, of iemand doet het voor jou, komt een beperkt aantal facetten naar voren. Het is belangrijk niet het geheel uit het oog te verliezen.

Om een ander beeld te gebruiken: je kunt denken aan een toneelspel met drieëndertig acteurs die allemaal verschillende aspecten van jou voorstellen. Elke lezing roept een aantal acteurs op het podium en zet ze in de schijnwerpers. De andere acteurs zijn nog steeds aanwezig in het theater van het Zelf.

Lees eerst de beschrijving en de interpretatie van de sleutelwoorden en breng ze in relatie met hun positie in het legpatroon. Kijk dan naar eventuele patronen daarbinnen. Wellicht heb je een groot aantal vogels of dieren die bij een bepaalde kwaliteit of een element horen. Ook kan het zijn dat je verwante dieren hebt op sleutelposities binnen het patroon.

Hiernaast tref je een samenvatting aan van dieren die bij elkaar horen. Naargelang je eigen intuïtie en innerlijke leiding kun je deze wijzigen of er nieuwe groepen aan toevoegen.

Uitzonderingen daargelaten kan men over het algemeen zeggen dat een overwicht aan luchtkaarten verwijst naar de intellectuele en mentale kant van het onderwerp. Waterkaarten geven de emotionele kwesties of factoren aan en aardekaarten duiden op de praktische kant van de zaak. Vuurkaarten gaan over onderwerpen die met energie en wil te maken hebben. Heb je in een legpatroon veel draken, dan kan dit erop wijzen dat het onderwerp in kwestie met veel spirituele energie gemoeid gaat. Veel omgekeerde kaarten kunnen erop duiden dat je flink op de proef wordt gesteld.

| GAVE, KWALITEIT OF VERMOGEN | |
|---|---|
| HELING | ADDER, EVERZWIJN, HOND, KIKKER, RAM, RAAF |
| BESCHERMING | BEER, EVERZWIJN, GANS, HOND, KAT, OTTER, RAAF |
| VRUCHTBAARHEID EN CREATIVITEIT | ADDER, GANS, HAAS, KOE, RAM, STIER, ZEUG |
| GEVOELIGHEID VOOR DE ANDERE WERELD | HAAS, HINDE, KAT, KIKKER, KRAANVOGEL, MEREL, PAARD, RAAF, REEBOK, UIL, WOLF, ZEEHOND, ZWAAN |
| RELATIE MET DE FEEËNWERELD | HINDE, KAT, KOE, PAARD, ZWAAN |
| INITIATIE | RAAF, UIL |
| VORMVERANDERING | HAAS, HINDE, KAT, REEBOK, WOLF, ZWAAN, ZEEHOND |
| REIZEN | HOND, KRAANVOGEL, LUCHTDRAAK, PAARD, REEBOK |
| KOPPELS | KOE EN STIER, EVERZWIJN EN ZEUG, REEBOK EN HINDE, HAAS EN KAT, HOND EN WOLF |
| ELEMENTEN | **AARDE** DRAAK, ADDER, BEER, EVERZWIJN, HAAS, HINDE, HOND, KAT, KOE, PAARD, RAM, REEBOK, STIER, VOS, WOLF, ZEUG<br>**WATER** DRAAK, HOND, KIKKER, KRAANVOGEL, OTTER, ZALM, ZEEHOND, ZWAAN<br>**LUCHT** DRAAK, ADELAAR, BIJ, GANS, HAVIK, KRAANVOGEL, MEREL, RAAF, UIL, WINTERKONINKJE, ZWAAN<br>**VUUR** DRAAK, ADDER, ADELAAR, HAAS |

De betekenis van de onderlinge verbanden is afhankelijk van het legpatroon. Ga bij jezelf na of je kunt invoelen of de kaarten op die plaatsen ook in onderling verband je iets te zeggen hebben. In het Awen-legpatroon kun je zowel horizontaal als verticaal een verband tussen de kaarten proberen te vinden. Horizontaal valt wellicht een relatie op tussen de oorzakelijke impulsen van verleden, heden en toekomst, een verband tussen de emotionele status in verleden, heden en toekomst en tussen de drie kaarten die de fysieke condities aangeven.

In het Arianrhod-legpatroon kunnen de tegenover elkaar liggende kaarten een onderling verband laten zien, bijvoorbeeld de kaarten van Beltane en Samhuinn of de kaarten van de eveningen en zonnewenden. Enige kennis van de druïdencyclus van het jaar komt van pas bij de interpretatie van dit legpatroon.

De kaart in het midden van de legpatronen van de elementen, van de geesten van de cirkel en van Arianrhod vertegenwoordigt het Zelf. Soms kan het goed zijn daar een blanco kaart neer te leggen of een kaart waarop je een ei hebt getekend. Het ei staat in de druïdentraditie voor het Zelf met al zijn mogelijkheden, gereed voor geboorte of hergeboorte.

Tot slot: zie de interpretaties in dit boek niet als het laatste woord of de enige waarheid. Wij zijn tot onze interpretaties gekomen vanuit onze kennis van de opvattingen van de druïden en Kelten over ieder dier, hun eigenschappen en gedrag in hun natuurlijke leefmilieu en innerlijk werk. Als je de bladzijden over de traditics van ieder dier leest en je begrip hiervan koppelt aan je eigen innerlijk werk en je kennis over het bewuste dier, kun je deze interpretaties verfijnen en uitbreiden. Ook kun je werken met de beelden die deze kaarten oproepen en je associaties met de sleutelwoorden en interpretaties. Andere technieken om met de dieren te praten en ze te identificeren, kunnen nog meer inzicht geven.

## VOORBEELDEN
### HET LEGPATROON VAN DE GEESTEN VAN DE CIRKEL

Kelly had voor dit eerste legpatroon geen specifieke vraag aan het orakel. Als succesvol schrijfster had ze geen dringende zaken, maar daar ze erg druk was, wilde ze van het orakel weten waar haar leven haar naartoe bracht. Toen we haar vroegen een vraag te formuleren, kwam ze tot de ontdekking dat ze eigenlijk behoorlijk onder druk stond en uiteindelijk werd haar vraag een verzoek om inzicht te krijgen in de krachten die deze druk veroorzaakten, en hoe ze hiermee kon omgaan. We raadden het legpatroon van de geesten van de cirkel aan en ze koos de volgende kaarten:

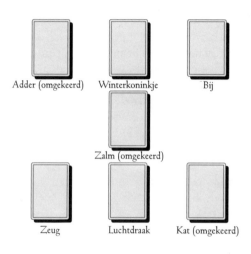

De Zalm in het centrum lag omgekeerd. Toen ze de uitleg hoorde, besefte Kelly dat de zoektocht naar wijsheid centraal stond in haar leven. Het omgekeerde karakter maakte haar duidelijk dat ze te gretig bezig was deze wijsheid te vergaren. Opgelucht hoorde ze in de kaart haar eigen behoefte weerklinken om 'verbinding te maken met het huppelende en dansende kind in haarzelf'.

De uitleg van de omgekeerde Adder op de plaats van de geest van de voorouders, bracht tranen in haar ogen en ze legde ons uit dat ze de relatie met haar familie ervoer als een relatie waarin ze voortdurend gewond en gekwetst werd. Ze zag de noodzaak in om deze gekwetstheid om te zetten in een helende kracht en snapte dat ze niet het slachtoffer, maar een onderdeel van haar familie was. Ze dacht er even over na en voelde dat de Adder er bij haar op aandrong de relatie met haar familie te veranderen, en er actiever en positiever tegenover te staan.

Voor de geest van de stam, de invloed van de cultuur waarin je leeft, trok Kelly de omgekeerde kaart van de Kat. Na de uitleg zag Kelly hierin een typering van de jaren zestig waarin ze was opgegroeid en die nu de 'new age'-cultuur was. Ze zag de positieve invloed op het leven van de geest, maar ze zag ook dat deze cultuur haar deels had weggehouden van de uitdagingen van het leven door bezig te zijn met 'andere manieren van zijn' en andere realiteiten. Ze koos toch liever voor de positieve invloed van de kat, voor onthechting en het vermogen belangrijke onderwerpen zonder vooroordeel tegemoet te treden en zo een sensitiviteit te ontwikkelen voor zowel de tastbare als de niet-tastbare werelden.

Als geest van tijd trok Kelly de Bij. Deze kaart staat voor gemeenschap, viering en organisatie. Na het hardop lezen van de uitleg, stelden we Kelly voor zichzelf af te vragen hoe naar haar gevoel de 'geest van de tijd' haar vroeg in haar leven handelend op te treden. Ze zag het verband tussen de kaart en onze vraag en antwoordde dat ze zich gedwongen voelde om haar leven en werk te organiseren en er momenten van viering in aan te brengen. Ze gaf toe dat ze zich vaak zo druk en bezet voelde dat ze geen tijd nam voor sociale contacten. Ze las de uitleg en de pagina's over de traditie van de Bij nog een keer en besefte dat ze vergeten was dat viering en sociale contacten ook een spirituele dimensie hebben. Ze voelde ook dat ze in een spannende fase van de geschiedenis leefde, waarin de geest van tijd er bij de mensheid op aandringt het begrip 'gemeenschap' in de breedste zin toe te passen.

De kaart voor de invloed van de geest van plaats was Muc, de Zeug. Eerst snapte Kelly het verband tussen haar leefomgeving en de uitleg niet, maar na enige tijd drong het tot haar door dat de plaats waar ze woonde ongelooflijk voedend was. Alles wat ze ooit nodig kon hebben, zowel materieel als spiritueel, was voorradig in het plattelandsstadje waar zij woonde. Omdat ze er zo aan gewend was, was het verrassend om dit te ervaren als een teken van overvloed en generositeit van de godin.

Voordat we gingen kijken naar de invloeden van vorige levens en van de geest, namen we de tijd om de vier invloeden die we net hadden bestudeerd, in onderling verband te zien. De helft van de kaarten is omgekeerd, wat duidt op een gezonde verhouding tussen uitdaging en stabiliteit. De twee kaarten op de as van tijd en plaats bieden veel steun en aanmoediging, aangevend dat haar huidige omstandigheden en omgeving een positieve en voedende uitwerking op haar hebben. De twee kaarten op de as van familie en cultuur – voorouders en stam – zijn beide omgekeerd en bieden meer uitdaging. Hier hebben we meer met mensen dan met situaties te maken en Kelly gaf toe dat ze betrekkingen met haar familie en vrienden moeilijk en soms pijnlijk vond. We vroegen haar welke associaties ze bij de vier dieren had en ze vertelde dat de zeug en de bij haar deden denken aan de zomertijd, aan warmte, helderheid, overdag en buiten zijn. De slang en de kat associeerde ze met duisternis en bedreiging, met iets heimelijks en verborgen plaatsen. Ze zag in dat ze de plaats en tijd waarin ze leefde ervoer als helder en ondersteunend, terwijl haar relaties iets raadselachtigs hadden en te maken hadden met mogelijk gevaar en angst voor het onbekende en onvoorspelbare.

Daarna keken we naar de invloed van de geest van de reis, die werd weergegeven door de kaart van de Luchtdraak. Kelly zag er onmiddellijk haar inspiratie en talent als schrijfster in en was blij dat de kaart op deze plaats lag. Het bevestigde dat haar roeping centraal stond in haar leven en dat ze gebruikmaakte van talenten die niet alleen beperkt waren tot haar huidige incarnatie.

De laatste kaart, Awen of 'gave der goden', was het Winterkoninkje met zijn boodschap van de zegeningen van nederigheid, zachtmoedigheid en subtiliteit. De uitleg sprak ook van het verstandig en eerlijk gebruikmaken van andermans verrichtingen. Hierdoor begreep ze haar rol als schrijfster beter, want in dat vak moet je vaak inspiratie en informatie putten uit het werk van anderen. Het had lang geduurd voordat ze begrip kon opbrengen voor het feit dat schrijvers elkaars werk gebruiken. Het lezen van de uitleg van de omgekeerde kaart hielp haar een duidelijk onderscheid te maken tussen gebruik en misbruik van andermans werk.

Door te kijken naar de drie kaarten die met relatie te maken hebben, kon Kelly zien dat haar zoektocht naar wijsheid, aangegeven door de Zalm, gevoed werd door de inspiratie van de Luchtdraak en de invloed van het Winterkoninkje, dat elke neiging tot gezwollenheid of gevoel van grootsheid veroorzaakt door de draak, zou verzachten. Door zich open te stellen voor de inspiratie van de draak en de zegening der goden in de vorm van het Winterkoninkje, kon ze zich openstellen voor het huppelende, dansende en buitelende kind in haar. Dit gaf haar de kracht om haar relationele problemen onder ogen te zien, want ze wist dat ze gesteund werd door zowel haar omgeving, als de tijd waarin ze leeft.

## HET LEGPATROON VAN DE HAARD

In dit tweede voorbeeld maakte Peter zich zorgen over waar hij en zijn familie konden wonen. De afgelopen twee jaar was hij met zijn partner tienmaal verhuisd en nog steeds voelden ze zich niet thuis, al hadden ze nu sinds acht maanden een derde kind. We vroegen hem aan dit probleem te denken terwijl hij de kaarten schudde en coupeerde. Hij legde de kaarten als volgt neer:

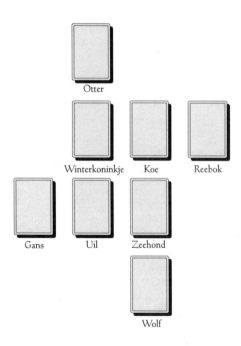

Dit legpatroon liet zien dat het centrale thema dat opgelost diende te worden voordat het gezin een blijvend thuis kon vinden, verband hield met Peters tweeslachtige en ogenschijnlijk tegengestelde neigingen en interessen, die op een onbewust niveau de groei van een hecht gezin blokkeerden. De twee kaarten voor het denken lieten zien dat Peter zichzelf ziet als Koe, moederend over zijn drie kinderen, en als Reebok, een wezen dat trots, onafhankelijkheid en een relatie met de Andere Wereld belichaamt. Zijn problemen komen voort uit zijn behoefte aan een gezinsleven die botst met zijn hang naar onafhankelijkheid.

Peter gaf toe dat hij zichzelf zo zag en dat voor hem twee dingen in het leven belangrijk waren: zijn kinderen, die hij wilde beschermen, en zijn spirituele 'andere-wereldlijke' zoektocht, die hem zowel lichamelijk als geestelijk wegtrok van huis. Hij voelde vaak dat deze twee neigingen tegengesteld waren. De Koe trok hem naar huis en haard, terwijl de Reebok hem aanspoorde in zijn eentje zijn innerlijke speurtocht voort te zetten.

De kaarten die laten zien hoe anderen Peter en het probleem zien, waren de Zeehond en de Wolf. In de Schotse Hooglanden geloofde men dat een bepaald soort zeehond, *selchie*, een menselijke vorm kon aannemen. Sommige mannen trouwden met selchies en verstopten de zeehondenhuid, zodat ze niet meer weg konden. Als de vrouwen hun huid toch vonden, verlieten ze hun huis en keerden terug naar de zee.

Hier vertegenwoordigt de zeehondenkaart dat deel van Peter dat voor zijn partner nooit helemaal aanwezig is, maar ergens anders is – verlangend naar de zee, de oceaan van zegening, de Andere Wereld.

De Wolf symboliseert het deel van Peter dat hijzelf ziet als Reebok, maar dat voor zijn partner de 'eenzame wolf' is, die vaak alleen wil zijn en zijn innerlijk domein agressief bewaakt.

In het oosten zag Peter zichzelf als Koe en Reebok, in het westen – de plaats die Peters gewenste eigenschappen of de gewenste situatie aangeeft – zien we de kaarten van de Gans en de Uil. De Uil staat voor initiatie, wijsheid en leraarschap. Peter hoopte dat zijn Reebok door zijn verbintenis met de Andere Wereld een Uil kon worden, oftewel dat hij zijn kennis van de Andere Wereld kon doorgeven als Wijsheid. De Koe uit het oosten wordt in het westen een Gans. De moederende, voedende kwaliteiten van de koe monden uit in de kwaliteiten van ouderschap, productieve kracht en waakzaamheid. Toen we het verschil tussen de koe en de gans met Peter bespraken, kwam naar boven dat hij zichzelf te 'moederlijk' vond met zijn kinderen en graag 'vaderlijker' wilde zijn. De gans laat zien dat hij zich beter op ouderschap kan richten dan op de modellen van vaderschap of moederschap. Het feit dat de gans ook geassocieerd wordt met creatieve kracht maakte hem duidelijk dat een deel van zijn creativiteit alleen maar moederlijk kon zijn. Hij voelde dat hij met de discipline en waakzaamheid van de gans een betere ouder kon zijn en zo zelfs aan creativiteit zou winnen.

In het noorden vinden we de kaarten van het Winterkoninkje en de Otter. Deze geven Peters mogelijkheden aan. Beide dieren hebben iets lichts en speels over zich, dat in scherp contrast staat met de serieuze gevoelens van de Uil en de Gans.

De druïden zien de Otter als vriend van de mens, gekenmerkt door plezier en speelsheid. Hoewel hij in het water zwemt, kan hij dezelfde sterke band met een mens hebben als een hond. Daarom kan de Otter een sterke bondgenoot zijn. Hier lijkt de Otter Peter uit te nodigen om speels en vol vreugde in de wateren van het gevoel rond te zwemmen.

Het winterkoninkje staat in Ierland bekend als de druïdenvogel en in Wales betekent het woord *Dryw* zowel druïde als winterkoninkje en heet het nest van het vogeltje het 'druïdenhuis'. Het winterkoninkje staat voor het gegeven dat 'klein mooi is', dat te hard willen onze spirituele reis nadelig beïnvloedt. Het zegt ons niet bang te zijn verder te gaan op wat anderen hebben bereikt: we hoeven niet alles helemaal alleen te doen.

Zowel Otter als Winterkoninkje lieten Peter zien dat het leven leuk kan zijn en dat hij het leven minder serieus moest nemen.

Toen hem gevraagd werd of de kaarten inzicht gaven in zijn oorspronkelijke probleem, zag Peter in dat zijn innerlijk conflict tussen zijn behoefte aan onafhankelijkheid en een gezinsleven, op subtiel niveau het vinden van een thuis blokkeerde. Hij was verrast dat anderen hem zagen als een eenzame wolf, als een afwezig type. Maar hij was blij met zijn innerlijke behoefte om zijn kwaliteiten op het terrein van de Andere Wereld om te zetten in wijsheid en het verlangen te onderwijzen, en in een beter afgewogen ouderschap. Tot slot hoorde hij tot zijn vreugde van de kaarten in het noorden dat de weg naar het ontplooien van zijn mogelijkheden lag in het minder serieus en meer speels zijn. Hij besloot zich helemaal aan zijn familie te wijden, zodat hij niet langer onbewust hun pogingen een thuis te vinden kon saboteren. Een tijdje later vonden ze een huis waar ze konden blijven.

## ANDERE TOEPASSINGEN VAN DE HEILIGE DIEREN

We hadden een versje voor elke vogel toen ik zo oud was als hij, en ook voor sommige dieren, en iedereen had daar altijd de juiste toon bij.

*Uit 'Het Volk van de Zee' door David Thomson*

De dierenkaarten zijn te gebruiken als orakel, maar er zijn veel meer mogelijkheden om met de kaarten en de heilige dieren te werken.

Neem een moment rust, als je je niet in evenwicht voelt en richting of hulp nodig hebt, en vraag de heilige dieren om het geschenk dat je nodig hebt. Kies dan een kaart. Wellicht verschaft de uitleg je inzicht of een zinnig advies en schenkt het dier je zijn of haar eigen 'medicijn' of energie, die niet in woorden te vatten is. Het kan zijn dat je de kaart een tijdje bij je wilt dragen, of naast je bed wilt zetten, of ergens anders waar je er vaak naar kan kijken. Zo kan de kaart dienen als schakel tussen jou en het krachtdier en inwerken op je bewustzijn in een proces van onbewuste suggestie: je hersens zullen vele malen per dag het beeld en de associaties die daarbij horen oppikken.

Als je een speciaal geschenk of bijzondere kwaliteit nodig hebt, kun je ook de bewuste kaart uitkiezen vanuit je kennis van de dieren, de sleutelwoorden of de lijst op blz. 163. Houd de kaart opnieuw in je nabijheid en bestudeer het leven en de gewoonten, van het dier. Als je heling nodig hebt, kun je in de lijst kijken onder de helende dieren en er een of meer uitkiezen om op af te stemmen.

Door oude verhalen te lezen, zoals het *Mabinogion* uit Wales en de vroege Ierse mythen en sagen, stel je je open voor de rijkdom van de Keltische folklore en verdiep je je inzicht in de volkswijsheid der heilige dieren.

Als je begint te werken met de dieren, voel je je misschien tot een sterker aangetrokken dan tot de andere. Dit kan te maken hebben met een natuurlijke affiniteit. Misschien wil dit dier je krachtdier of totem worden. Door de eigenschappen en het gedrag van dit dier te bestuderen, het in het wild op te zoeken, je aan te sluiten bij groepen die strijden voor behoud van het dier, het te tekenen of erover te schrijven, kun je nog dichter bij het dier komen. Misschien wil je het dier een brief schrijven. Het zal je onderbewustzijn stimuleren en dient tevens als symbolisch gebaar voor je wens ermee te communiceren. Wellicht kom je het dier tegen in je dromen of meditaties of innerlijke reizen. Het kan ook zijn dat je er soms in opgaat en beweegt zoals dit dier beweegt, je er zo mee zingt en danst, dat je de energie ervan kunt uiten in de wereld en het dier je kan vullen met helende en krachtbrengende energie.

## HEILIGE DIEREN GEVEN ONS KRACHT

'De rol van het krachtdier is altijd geweest de mens te verbinden met de grotere collectieve omgeving of ecosfeer. We zijn allemaal deel van elkaar. Door van een dier te dromen, door een ritueel te verrichten, door een voorouderlijk scheppingsverhaal te vertellen, werkt de dromer, de sjamaan, de bard met de wezenlijke levenskracht en kan hij of zij dankzij de bemiddelende rol van het dier reizen in de collectieve sferen van zijn' (*Nicholas Mann*).

Als we werken met de heilige dieren van het orakel, moeten we ons afvragen of deze dieren in feite delen van ons symboliseren of dat ze een uiterlijk en objectief bestaan hebben in een andere dimensie. Het lijkt erop dat beide het geval is. De dieren symboliseren onderdelen van onszelf. De stier en het paard bijvoorbeeld onze seksualiteit, de havik of adelaar ons verstand. In deze zin kunnen we ze innerlijke of subjectieve dieren noemen. Maar ervaring en traditie zegt ons dat de dieren ook een objectieve werkelijkheid hebben in de Andere Wereld. De psycholoog Stephen Gallegos heeft veel en belangrijk pionierswerk gedaan op het terrein van de psychotherapeutische waarde van het werken met onze innerlijke dieren – met onze verborgen angsten, drijfveren, hoop en verlangens die opgewekt kunnen worden en dan benaderd als beelden van dieren. Zijn werk met dieren en chakra's geeft ongelooflijke mogelijkheden voor persoonlijke ontwikkeling en heling.

Het mooie van deze innerlijke, subjectieve dieren is dat ze ons soms kunnen voeren naar de 'krachtdieren' – objectieve Andere-Werelddieren die ons in meditatie of op een andere manier kunnen bezoeken voor een geschenk, een boodschap, een bepaald soort energie of een verzoek om hun verwanten in de ons bekende wereld te helpen. Als we het bestaan van de innerlijke dieren in het landschap van onze ziel beginnen te ontdekken en hen bevrijden en voeden, zullen we tot de ontdekking komen dat ze ons tot de grenzen van ons ziel-territorium kunnen voeren. Daar, aan de grenzen, ontmoeten we de andere dieren, de krachtdieren die onze gidsen en bondgenoten kunnen worden, onze helers en leraren, onze totems en stamdieren. We hoeven echter niet per se eerst met onze innerlijke dieren te werken om contact te maken met de krachtdieren. We kunnen bewust pogen contact te maken met een krachtdier vanuit meditatie of door te werken met het orakel en door tijd door te brengen met het levende dier in kwestie. Door ons af te stemmen op en ons hart te openen voor de gaven van het dier, kunnen we een rijke en vruchtbare relatie aangaan met een dier dat een identiteit heeft en een werkelijkheid die volledig losstaat van onszelf.

Hoe we ook contact maken met onze kracht- en totemdieren, altijd dienen we innerlijk werk te combineren met praktisch werk in de buitenwereld. Wellicht kunnen we het dier in de dagelijkse werkelijkheid bijstaan door actiegroepen of campagnes te steunen. Door iets te maken – eventueel van het dier zelf – kunnen we de band tussen ons en ons persoonlijke dier versterken. Dit kan zelf een voorwerp van kracht worden dat je van generatie op generatie kunt doorgeven als een nieuwe familietotem.

Door te werken met een dier uit de Andere Wereld geef je het de mogelijkheid via ons te praten en handelen in de fysieke wereld. We kunnen de inspiratie voelen om een lied of gedicht te schrijven en in het weven van de woorden kan het dier ons roepen – en ons oproepen onze eigen menselijkheid nog verder te uiten. Als we ons dierlijke zelf, onze dierlijke gidsen en de dieren van de wereld leren kennen en liefhebben, kunnen we zingen en dansen en opgaan in onze totems, zodat zij via ons bewegen en zingen om hun en onze bezieling en schoonheid te vieren.

## UITSPRAAK

| NEDERLANDS | GAELIC | UITSPRAAK (BIJ BENADERING)* |
|---|---|---|
| ADDER | NATHAIR | na-hir |
| ADELAAR | IOLAIR | joelir |
| BEER | ART | arsjt |
| BIJ | BEACH | biach |
| EVERZWIJN | TORC | tork |
| GANS | GÈADH | giagh |
| HAAS | GEÀRR | gjarr |
| HAVIK | SEABHAC | sjivag |
| HINDE | EILID | ilidj |
| HOND | CÙ | koe |
| KAT | CAT | kat |
| KIKKER | LOSGANN | loskan |
| KOE | BÒ | boh |
| KRAANVOGEL | CORR | korr |
| MEREL | DRUID DHUBH | droe-i-doe |
| OTTER | DÒBHRAN | dovran |
| PAARD | EACH | ich |
| RAAF | BRAN | bran |
| RAM | REITHE | rihe |
| REEBOK | DAMH | dav |
| STIER | TARBH | tarv |
| UIL | CAILLEACH-OIDHCHE | kaljach-oichi |
| VOS | SIONNACH | sjoenach |
| WINTERKONINKJE | DRUI-EN | droe-i-en |
| WOLF | FAOL | foil |
| ZALM | BRADAN | bratan |
| ZEEHOND | RÒN | ron |
| ZEUG | MUC | moek |
| ZWAAN | EALA | ella |
| WATERDRAAK | DRAIG-UISGE | dreg-oesjke |
| AARDEDRAAK | DRAIG-TALAMH | dreg-talav |
| LUCHTDRAAK | DRAIG-ATHAR | dreg-aur |
| VUURDRAAK | DRAIG-TEINE | dreg-tene |

* De 'g' wordt uitgesproken als in het Franse 'garçon'.

# LITERATUUR

Andrews, Ted: *Animal Speak*, Llewellyn 1993 (*Luisteren naar dieren*, Becht 1997)
Campbell, Joseph: *The Way of the Animal Powers*, 1983
Carr-Gomm, Philip: *The Elements of the Druid Tradition*, Element 1991 (*De druïden, de herleving van een traditie*, De Driehoek 1992)
–: *The Druid Way*, Element 1993
Gallegos, E.S.: *The personal Totem Pole – Animal Imagery, the Chakras and Psychotherapy*, Moon Bear Press 1990
Graves, Robert: *The White Goddess*, Faber and Faber 1961
Grey, Miranda: *The Beasts of Albion*, Aquarian 1994
Green, Marian: *A Calendar of Festivals*, Element 1993
Green, Miranda: *Animals in Celtic Life and Myth*, Routledge 1992
–: *Dictionary of Celtic Myth and Legend*, Thames and Hudson 1992
–: *Exploring the World of the Druids*, Thames and Hudson 1997 (*Ontdek de wereld van de druïden*, Becht 1998)
Hargreaves, J.: *Hargreaves New Illustrated Bestiary*, Gothic Image 1990
Hoult, Janet: *Dragons: Their History and Symbolism*, Gothic Image 1987
Huxley, Francis: *The Dragon: Nature of Spirit, Spirit of Nature*, Thames and Hudson 1979
Layard, John: *The Lady of the Hare*, Faber and Faber 1942
MacDonald, Lorraine: *Celtic Totem Animals*, Dalriada Celtic Heritage Society 1992
Mann, Nicholas R.: *The Keltic Power Symbols*, Triskele 1987
Mattthews, Caitlín: *The Celtic Book of the Dead*, Aquarian 1992
Matthews, John en Caitlín: *The Aquarian Guide to British and Irish Mythology*, Aquarian 1988
Matthews, John: *The Celtic Shaman*, Element 1992
–: *Taliesin – Shamanism and the Bardic Mysteries in Britain and Ireland*, Aquarian 1991
Meadows, K: *Earth Medicine*, Element 1989 (*Moeder Aarde Astrologie*, Becht 1998)
Murray, Liz en Colin: *The Celtic Tree Oracle*, Rider 1988 (*Het Keltisch bomenorakel*, Becht 1997)
Naddair, Kaledon: *Keltic Folk and Faerie Tales – Their Hidden Meaning Explored*, Century 1987
Nichols, Ross: *The Book of Druidry*, Aquarian 1990
Porter, J.R., en W.M.S. Russell (red.): *Animals in Folklore*, The Folklore Society 1978
Ransome, H.M.: *The Sacred Bee*, Londen 1937
Rees, A. en B.: *Celtic Heritage*, Thames and Hudson 1961
Ross, Ann, en Don Robbins: *The Life and Death of a Druid Prince*, Rider 1989
Rowland, Beryl: *Birds with Human Souls – A Guide to Bird Symbolism*, The University of Tennessee Press 1978
Sams, J., en D. Carson: *Medicine Cards*, Bear & Co. 1988 (*Medicijnkaarten*, Becht 1992)
Simpson, Jacqueline: *British Dragons*, Batsford 1980
Spence, Lewis: *The History and Origin of Druidism*, Aquarian 1971
Stewart, R.J.: *Celtic Gods and Goddesses*, Blandford 1990
Swainson, C.: *Folklore of British Birds*, Folklore Society 1885
Willoughby, Bob: *Voices from Ancient Ireland*, Pan 1981
Young, Ella: *Celtic Wonder Tales*, Floris 1988

## HET DIERENORAKEL EN HET PAD VAN DE DRUÏDE

De auteurs zijn zeer geïnteresseerd in jouw ervaringen met het orakel. Door ervaringen uit te wisselen, kunnen we het orakel ontwikkelen en verfijnen. We zullen niet altijd in staat zijn je brieven persoonlijk te beantwoorden, maar sturen je graag meer informatie over het orakel en gegevens over andere legpatronen. We zouden een postzegel (Engels) of internationale antwoordcoupon bij je brief heel erg op prijs stellen.

Als je meer wilt weten over druïden en hoe je dit pad als spirituele weg kunt volgen, kunnen we je ook details sturen van het lesprogramma van *The Oracle of Bards Ovates and Druids*. Dit programma wordt opgestuurd en bevat een maandelijkse nieuwsbrief, lesmateriaal en cassettes. Er zijn ook zomerkampen en workshops en het wereldwijde netwerk van groepen die elkaar ontmoeten, groeit met de dag. De Orde zet zich ook in voor *Campaign for Individual Ecological Responsibility* en een plan om heilige bomen te planten (Sacred Tree Planting program)

Philip and Stephanie Carr-Gomm
OBOD - PO Box 1333 Lewes F. Sussex BN 71DX Engeland
Internet Homepage http://druidry.org

## OVER DE SCHRIJVERS EN ILLUSTRATOR

**Philip Carr-Gomm** is hoofd van de *Order of Bards Ovates and Druids*, een van de grootste internationale druïdenverenigingen. Hij woont in Engeland en geeft lezingen en workshops over druïden in Engeland, Europa en de Verenigde Staten. Hij is de auteur van *The Druid Way* en *The Elements of the Druid Tradition* en samensteller van *The Book of Druidry*. Philip studeerde vanaf zijn vijftiende jaar bij de opperdruïde Philip Ross Nichols. Na zijn doctoraal psychologie studeerde hij psychosynthese, psychotherapie voor volwassenen en speltherapie voor kinderen.

**Stephanie Carr-Gomm** studeerde aan de Hogeschool voor de Kunsten in Bath. Na haar vele reizen keerde ze terug naar Engeland om zich verder te bekwamen in toneelspel aan de *Guidball School of Music and Drama*. Als freelance actrice werkte ze voor een groot aantal theater-, opera-, en balletgezelschappen in Engeland. Stephanie is verantwoordelijk voor de administratie rond het trainingsprogramma van de *Order of Bards Ovates and Druids*, dat individuen en groepen over de hele wereld bereikt.

**Bill Worthington** werkt al twintig jaar als illustrator. Zijn interesse in het oude verleden en de mythologie rond koning Arthur en de Kelten is zichtbaar in zijn schilderijen en tekeningen. Hij illustreerde beide boeken van Philip Carr-Gomm. Hij is Grove-leider van de *Order of Bards Ovates and Druids*.

In 2004 verscheen van dit illustere drietal:
*De Tarot van de druïden*, een boek van 192 blz., samen met een tarotdeck van 78 kaarten.
ISBN 90 6963 636 0

| DIER* | GAELIC NAAM | SLEUTELWOORDEN | |
|---|---|---|---|
| ADDER | NATHAIR | transformatie, heling, levensenergie | blz. 78 |
| ADELAAR | IOLAIR | intelligentie, vernieuwing, moed | blz. 82 |
| BEER | ART | oerkracht, soevereiniteit, het huwelijk tussen intuïtie en instinct | blz. 30 |
| BIJ | BEACH | gemeenschap, viering, organisatie | blz. 110 |
| EVERZWIJN | TORC | krijgersgeest, leiderschap, richting | blz. 38 |
| GANS | GÈADH | waakzaamheid, ouderschap, productiviteit | blz. 94 |
| HAAS | GEÀRR | wedergeboorte, intuïtie, evenwicht | blz. 102 |
| HAVIK | SEABHAC | ridderlijkheid, herinnering, reiniging | blz. 42 |
| HINDE | EILID | subtiliteit, gratie, vrouwelijkheid | blz. 22 |
| HOND | CÙ | leiding, bescherming, trouw | blz. 46 |
| KAT | CAT | bewaking, onthechting, sensualiteit | blz. 54 |
| KIKKER | LOSGANN | gevoeligheid, medicijn, verborgen schoonheid en kracht | blz. 62 |
| KOE | BÒ | voeding, moederschap, de godin | blz. 118 |
| KRAANVOGEL | CORR | geheime kennis, geduld, eeuwig leven | blz. 58 |
| MEREL | DRUID DHUBH | betovering, de poort, de innerlijke roep | blz. 18 |
| OTTER | DÒBHRAN | vreugde, spel, hulpvaardigheid | blz. 114 |

| DIER | GAELIC NAAM | SLEUTELWOORDEN | |
|---|---|---|---|
| ADELAAR | IOLAIR | intelligentie, vernieuwing, moed | blz. 82 |
| ZEUG | MUC | vrijgevigheid, voeding, ontdekking | blz. 86 |
| STIER | TARBH | rijkdom, macht, weldadigheid | blz. 90 |
| GANS | GÈADH | waakzaamheid, ouderschap, productiviteit | blz. 94 |
| RAM | REITHE | opoffering, doorbraak, resultaat | blz. 98 |
| HAAS | GEÀRR | wedergeboorte, intuïtie, evenwicht | blz. 102 |
| ZALM | BRADAN | wijsheid, inspiratie, verjonging | blz. 106 |
| BIJ | BEACH | gemeenschap, viering, organisatie | blz. 110 |
| OTTER | DÒBHRAN | vreugde, spel, hulpvaardigheid | blz. 114 |
| KOE | BÒ | voeding, moederschap, de godin | blz. 118 |
| PAARD | EACH | de godin, het land, reizen | blz. 122 |
| WINTERKONINKJE | DRUI-EN | nederigheid, slimheid, god | blz. 126 |
| WATERDRAAK | DRAIG-UISGE | passie, diepte, verbinding | blz. 130 |
| AARDEDRAAK | DRAIG-TALAMH | kracht, mogelijkheden, rijkdom | blz. 134 |
| LUCHTDRAAK | DRAIG-ATHAR | inspiratie, inzicht, vitaliteit | blz. 138 |
| VUURDRAAK | DRAIG-TEINE | verandering, meesterschap, energie | blz. 142 |
| ZEEHOND | RÒN | liefde, verlangen, dilemma | blz. 146 |